Eu, _____ , chefe de mim, me comprometo a utilizar as ferramentas fornecidas neste livro e assumo a responsabilidade pelo sucesso de sua aplicação.

NATHALIA ARCURI

CPF

CNPJ

CHEFE DE MIM

SEXTANTE

Copyright © 2024 por Nathalia Arcuri
Todos os direitos reservados. Nenhuma parte deste livro
pode ser utilizada ou reproduzida sob quaisquer meios existentes
sem autorização por escrito dos editores.

coordenação editorial: Alice Dias
produção editorial: Livia Cabrini
edição de texto: Sibelle Pedral
preparo de originais: Sheila Louzada
revisão: Ana Grillo e Luis Américo Costa
capa, projeto gráfico e diagramação: Ana Paula Daudt Brandão
fotos de capa: Cláudio Belli (fotógrafo), Raphael Jacomini (assistente), Taís Teixeira (estilo e produção de moda), Ghessa Dias (maquiagem)
impressão e acabamento: Associação Religiosa Imprensa da Fé

CIP-BRASIL. CATALOGAÇÃO NA PUBLICAÇÃO
SINDICATO NACIONAL DOS EDITORES DE LIVROS, RJ

A718c

Arcuri, Nathalia
  Chefe de mim / Nathalia Arcuri. - 1. ed. - Rio de Janeiro : Sextante, 2024.
  192 p. ; 23 cm.

  ISBN 978-65-5564-899-7

  1. Administração de empresas. 2. Sucesso nos negócios. 3. Educação financeira. I. Título.

24-92647

CDD: 650.1
CDU: 005.336

Gabriela Faray Ferreira Lopes - Bibliotecária - CRB-7/6643

Todos os direitos reservados, no Brasil, por
GMT Editores Ltda.
Rua Voluntários da Pátria, 45 – 14º andar – Botafogo
22270-000 – Rio de Janeiro – RJ
Tel.: (21) 2538-4100
E-mail: atendimento@sextante.com.br
www.sextante.com.br

Sumário

Apresentação 7

Capítulo 1
Será que eu tenho mesmo uma empresa? **13**

Capítulo 2
Por que eu posso te ajudar e como vai ser o nosso rolê aqui **25**

Capítulo 3
Se sozinhas já causam, imagine juntas! **37**

Capítulo 4
Ativos ou passivos: quem manda na sua vida financeira? **59**

Capítulo 5
Não seja a Alice da sua vida financeira: para que servem sonhos e metas **67**

Capítulo 6
Como deve ser a sua reserva de emergência **85**

Capítulo 7
A estratégia – Parte 1: Gastar de forma mais inteligente **93**

Capítulo 8
Gastando menos na prática: os cases Joaquina e Gilson **101**

Capítulo 9
Estratégia – Parte 2: Ganhar mais com "os elementos ARCURI de distinção" **113**

Capítulo 10
Sua Alteza, o cliente **129**

Capítulo 11
Estratégia – Parte 3: Investir mais e melhor **149**

Capítulo 12
Estratégia – Parte 4: Nunca parar de se aperfeiçoar **159**

Capítulo 13
O caminho da reputação: formalizando a sua empresa **169**

Capítulo 14
Crescer ou não crescer, eis a questão **173**

Capítulo 15
Quando pegar dinheiro emprestado ou trazer sócios **179**

Capítulo 16
A rede de apoio do empreendedor autônomo **183**

Apresentação

Querida leitora, querido leitor. Até que enfim você criou coragem e chegou aqui. Estou orgulhosa de você, mesmo sem te conhecer. Eu já estive no seu lugar. Lidar com o dinheiro e encarar as suas duas vidas financeiras (sim, são duas: a da empresa e a sua; já tinha pensado nisso?) não é tarefa fácil, mas o primeiro passo, e o mais difícil, você já deu: buscar ajuda de uma especialista. Para a sua sorte, eu sou boa nisso, e muito modesta também. Me encare como uma amiga que já passou por muitas das dores que você está enfrentando agora e reservou um tempo da própria vida para te orientar e te tirar de algumas furadas. Pode ser que você já tenha se metido nelas, pode ser que ainda vá se meter – vamos trabalhar juntos para evitar que isso aconteça. A ideia deste livro é compartilhar histórias, técnicas e ferramentas que me ajudaram a vencer as minhas dificuldades como chefe de mim mesma para que você vença as suas também.

Para que a nossa relação floresça ao longo destas páginas, tenho algumas perguntas e quero que você responda com muita honestidade, ok? Vamos lá.

1. Você já experimentou a sensação de estar com todos os boletos do ano pagos e com reserva de dinheiro suficiente para poder tirar férias de um mês e voltar sem dívidas?
    a) Claro
    b) Isso não existe
    c) Seria meu sonho, mas será que é possível?

2. Quando foi a última vez que você se pagou um décimo terceiro ou se apropriou dos lucros da sua empresa mantendo um caixa suficiente para que ela se mantivesse firme e ainda com reservas para custear o seu salário por no mínimo mais seis meses?
   a) Nunca
   b) Hahahahaha
   c) Já aconteceu comigo, mas não consegui manter
   d) É uma prática anual que venho mantendo

3. Seus clientes recomendam seus produtos ou serviços de tal modo que seu desafio atual é gerenciar a demanda gigante e o dinheiro que não para de entrar?
   a) Quem me dera!
   b) A autora pirou
   c) Esse é meu "problema bom" hoje em dia

Eu adoraria ver as respostas que você assinalou, para poder te conhecer melhor. Se quiser me mostrar, pode fotografar e publicar nas redes sociais marcando @NathaliaArcuri e usando a hashtag #ChefedeMim. Não precisa ter medo nem vergonha de assumir a sua situação. A maioria dos 93 milhões de brasileiros que são chefes de si mesmos está no mesmo pé que você e o meu desejo é que este livro passe pelo maior número possível de mãos e olhos.

Plano de leitura para chefes de si

1. Defina uma data para terminar o livro. Pode ser que durante a leitura você precise de pausas para organizar materiais ou simplesmente para refletir sobre o que acabou de ler. Fique à vontade. Mas volte e termine no prazo combinado. Escreva aqui a data-limite:

   ____ /____ /_____

2. Anote que dia é hoje e dê uma nota para a sua vida financeira atual, de 1 a 10, sendo 1 para "Está uma calamidade" e 10 "Está excelente". Por enquanto, considere as finanças da sua pessoa física e da sua empresa como uma coisa só (até porque eu aposto que elas estão misturadas mesmo).

   HOJE: ____/____/_____   NOTA: ☐

3. Sabendo como está a sua vida financeira hoje, defina como gostaria que ela estivesse ao final da leitura deste livro. Se você deu uma nota 3 para a situação atual e está se achando pouco ambiciosa por sonhar com um 6, observe que já seria um avanço de 100%. Sim, é muito. E, sim, você consegue. Tem gente que quer sair de 0 a 10 aqui e se frustra pela distância gigantesca que impôs a si mesma. Não cometa esse erro. Dê um passo de cada vez. Se você avalia que sua vida financeira merece um 4 hoje, permita-se chegar a 6 até o final do livro, quem sabe um 7. Já será um avanço enorme.

4. Quando terminar a leitura, volte aqui e pense sobre sua nota antiga e sua atual. Você acha que chegou perto da sua meta? Como foi sua evolução? Já consegue definir uma meta para o próximo semestre, o ano que vem, quem sabe até para os próximos cinco anos?

5. O caminho que eu proponho neste livro pode ficar mais suave se você tiver com quem dividir as conquistas, as dores e os desafios que vão aparecer (ah, se vão!). Minha sugestão, como no meu primeiro livro, é que você convide uma pessoa para ler junto com você e vá compartilhando suas impressões. É importante que seja alguém com interesses parecidos com os seus.

Agora quero te contar como vai ser o nosso voo.

Meu método para formar verdadeiros chefes de si mesmos tem três pilares:

- Pilar nº 1: Desvendar o presente
- Pilar nº 2: Desenhar o futuro
- Pilar nº 3: Traçar a **estratégia** para chegar lá

O Pilar nº 3, que consiste na **estratégia**, envolve quatro etapas vencedoras:

1. Gastar de forma mais inteligente
2. Ganhar mais
3. Investir mais e melhor
4. Nunca parar de se aperfeiçoar

Vou desdobrar esses pilares em 16 capítulos. Assim:

No Capítulo 1 você vai entender que tem uma empresa, sim, mesmo que essa ideia pareça distante ou intimidadora à primeira vista. E que essa empresa tem uma funcionária ou um funcionário com muito potencial para ganhar dinheiro: você! Tô aqui pra isso.

No Capítulo 2 eu falo das minhas credenciais para te ajudar e mostro o Kit Patroa ou Patrão, que vai fazer o seu negócio decolar.

O Capítulo 3 trata do divórcio necessário e definitivo entre Ruth e Raquel (calma, você já vai entender que conversa é essa). Aqui você vai aprender a separar tudo que é despesa da pessoa física (você) daquilo que é despesa da pessoa jurídica (sua empresa). É o começo da Grande Mudança. Puro entretenimento financeiro – que vai mudar sua vida.

No Capítulo 4 eu ensino a diferença entre os seus passivos e ativos, um rolê contábil que a Nath (eu, no caso) te explica como ninguém te explicou antes e que vai fazer uma diferença BRUTAL no seu modo de ver o mundo e gerenciar o seu negócio.

Um mergulho profundo nos seus sonhos é a proposta do Capítulo 5. Vamos conversar sobre por que você trabalha tanto, quais são seus maiores desejos e como tirá-los do território dos sonhos e transformá-los em metas. Vamos fazer o mesmo com os sonhos da sua empresa e então, magicamente, tudo vai fazer sentido. Você vai ver.

O Capítulo 6 propõe uma pausa para um assunto importantíssimo: a reserva de emergência da sua empresa. Vou te contar como construir a reserva, de quanto deve ser e onde aplicar esse dinheiro que pode ser a sua boia de salvação quando cair aquela tempestade. E acredite: tempestades virão.

No Capítulo 7 vamos falar sobre a primeira parte da estratégia para você se tornar a melhor chefe que já teve. Você vai aprender a gastar menos e com mais inteligência usando o método 70/30, agora em versão empresarial. De bônus, um exercício transformador para você calibrar seus gastos de acordo com o que é essencial para você.

Eu tenho plena consciência de que o Capítulo 7 traz muitos desafios. Então, pra te ajudar real, no Capítulo 8 vou detalhar dois cases maravilhosos, com todas as contas na ponta do lápis, para você poder adaptar à sua vida de empresária.

Os Capítulos 9 e 10 abordam a segunda parte da estratégia. É hora de ganhar mais dinheiro aplicando os Elementos ARCURI de distinção no mercado. Você vai entender por que é muito mais fácil aumentar sua renda sendo autônoma do que sendo CLT e como precificar o seu produto ou serviço de modo a alcançar mesmo as suas metas mais ousadas. Aqui vou te contar coisas que ninguém nunca contou sobre quanto cobrar. Só neste capítulo tem um MBA inteiro!

Então, no Capítulo 11, quando você estiver ganhando mais, eu te ajudo a investir esse dinheiro com segurança e rentabilidade digna, que é a terceira etapa da minha estratégia.

O Capítulo 12 encerra as quatro etapas do pilar estratégia. Nele eu te mostro como se aperfeiçoar cada vez mais na arte de chefiar a si mesma. Incluí ferramentas para ajudar seu negócio a deslanchar enquanto você se dedica ao que realmente importa.

Caminhando para o final, vou te falar das vantagens de formalizar o seu negócio caso eu ainda não tenha te convencido disso (Capítulo 13), do dilema entre crescer ou permanecer no tamanho atual (Capítulo 14) e de algumas decisões difíceis, como ter ou não sócios e tomar dinheiro emprestado ou não (Capítulo 15).

Por último, quero deixar uma mensagem sobre a importância de

cultivar mentores e tudo que eles podem fazer por você. Esse é o assunto do Capítulo 16.
Vai ser lindo.
Vamos começar? Pega na minha mão e vem!

CAPÍTULO 1
Será que eu tenho mesmo uma empresa?

Era uma tarde ensolarada de janeiro de 2016 e fazia pouco mais de um mês que eu havia tomado a decisão mais difícil da minha vida até então. Lembro de estar na recepção de um prédio pomposo na avenida Juscelino Kubitschek, na região da Faria Lima, em São Paulo. Com os cotovelos apoiados no balcão, eu encarava a recepcionista meio sem jeito de dar a resposta para a pergunta simples que ela tinha acabado de fazer.

"Nathalia de qual empresa?"

Eu não sabia o que responder. Passei 11 anos da minha carreira como jornalista carregando os crachás de duas grandes emissoras de TV do Brasil, SBT e Record. Foram quatro anos na primeira e sete na segunda. E então aquele salto no desconhecido: pedir demissão para investir no meu próprio negócio, uma plataforma de entretenimento financeiro com a missão de desfuder o Brasil. Ambição pouca é bobagem, né?

A sensação de chegar a um lugar desconhecido sem resposta para a pergunta "Nathalia de qual empresa?" era ao mesmo tempo de medo e euforia. Eu estava com o maior cagaço (sim, essa era a sensação, me perdoe o português chulo), mas parte de mim se orgulhava da decisão que eu tinha tomado em dezembro do ano anterior.

Na verdade, eu não sabia o que dizer. *Será que eu tenho uma empresa? Será que não seria melhor só falar que é Nathalia Arcuri e pronto?* Eu não tinha nenhum funcionário ou funcionária e não me sentia digna de me anunciar como "dona da empresa". Empresa de quê? Chefe de quem?

Eu estava paralisada. A recepcionista olhava para mim, esperando a resposta e talvez se perguntando *Será que eu chamo um médico?*. Ela repetiu:

– A senhora é de alguma empresa?

Acordei do meu devaneio e respondi apressada, meio envergonhada, com um sorriso debochado, como quem tenta sustentar um personagem:

– Me Poupe! Não, não é com você... é o nome da empresa.

A moça sorriu e anunciou a minha chegada com certo constrangimento. Afinal, quem dá à própria empresa o nome Me Poupe?

Se você está aqui hoje, com este livro na mão, provavelmente está passando por algo semelhante, se fazendo muitas das perguntas que eu me fiz anos atrás e precisando de ajuda. Como o título deixa bem óbvio, este é um livro sobre a maravilhosa aventura de ser autônomo no Brasil. Ou seja, é bem provável que você seja sua própria chefe (ou sonhe loucamente com isso e não veja a hora de dar um pé na bunda do seu empregador atual) e esteja sem rumo. Ou com dívidas. Ou sem clientes. Na lama.

Eu já estive exatamente onde você está agora. Escrevo este livro depois de ter garantido que os passos que dei me tiraram desse mar agitado de incertezas. E aqui vale a pena um breve spoiler do que você verá nestas páginas:

Autonomia não precisa significar instabilidade.

Ser dona do seu próprio tempo e do seu próprio negócio não precisa ser sinônimo de "Não consigo me planejar porque minha renda cada mês é uma".

Acredite em mim: com as ferramentas certas, sua vida financeira pode ser mais estável e próspera que a de um profissional que bate cartão em uma empresa ou que tem estabilidade por ser funcionário público.

Nestas páginas vou te dar todas as orientações que eu gostaria de ter recebido quando decidi ser a minha própria chefe. Também vou te dar as ferramentas necessárias para você se tornar uma autônoma próspera, realizada no trabalho, preparada para equilibrar receitas (o dinheiro que entra no seu pequeno negócio) e despesas (o dinheiro que sai) e, pouco a pouco, aumentar seus ganhos para investir no que quiser – inclusive no crescimento do seu empreendimento, **se quiser crescer**. Você tem autonomia para decidir. Este livro parte da premissa de que nem todo mundo faz questão de crescer e ter uma empresa milionária. É um livro para você que quer ter uma boa noite de sono, cuidar da família, viajar, quitar a casa própria e se divertir. É um livro para quem quer ser feliz trabalhando com o que ama sem os solavancos financeiros da vida empreendedora, ganhando o suficiente para pagar as contas e não depender de patrão, patroa ou do Estado. É um caminho para todas as pessoas que desejam ser livres e usar o tempo da forma mais rica possível, e isso não significa apenas ganhar dinheiro, mesmo que ganhar dinheiro seja parte importante do processo.

"Mas, Nath, eu quero muito ficar milionária com o meu negócio! Comprei o livro errado?"

De forma alguma. Vamos falar sobre as suas metas de vida no Capítulo 5. É bom ficar claro que estou falando aqui com quem quer ganhar muito dinheiro com o próprio negócio, mas não apenas com esse grupo.

Este livro será a base de que qualquer pessoa que trabalha por conta própria ou tem poucos funcionários precisa para encontrar paz financeira e sair do círculo vicioso dívidas → gastos → vendas → novas dívidas.

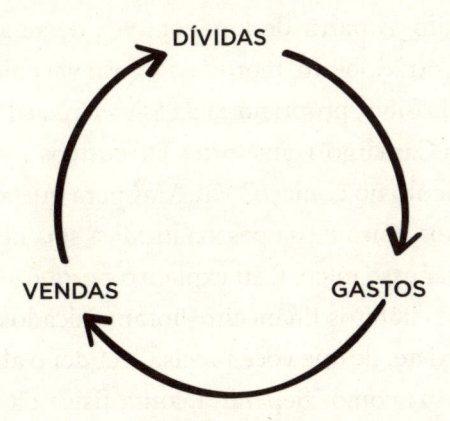

DÍVIDAS → GASTOS → VENDAS → (ciclo)

E, para começar a nossa conversa, eu quero saber: você se sente dona de um negócio? Já parou para pensar que não importa o que os outros digam, você tem uma pessoa trabalhando para você?

"Ah, Nath... mas essa pessoa sou eu mesma. Não é exagero dizer que eu sou uma empresária?"

Obrigada pelo gancho. Excelente ponto. Era exatamente isso que passava pela minha cabeça quando a recepcionista perguntou de qual empresa eu era. E dar aquela resposta naquele momento, ainda que de forma tímida e sem muita confiança, alterou o modo como eu gerenciava o meu dinheiro – e o da minha empresa.

Atenção, o que eu vou dizer agora pode ser doloroso, mas meu papel aqui é te ajudar a sair da lama ou melhorar consideravelmente a sua vida financeira de autônoma. Para isso, algumas verdades doloridas precisam ser ditas.

É provável que a desordem na sua vida financeira esteja sendo causada pela sua incapacidade momentânea de separar as suas finanças pessoais das finanças da sua empresa.

Enquanto você se enxergar nessa simbiose, como se as duas coisas fossem apenas uma, você e sua empresa vão padecer do mesmo mal: fudência financeira. E, para curar esse mal, nós teremos que fazer um primeiro combinado. A partir de hoje, em vez de se apresentar como "Joana, manicure" ou "Roberto, motorista", você vai começar a se anunciar como "Joana da Silva, proprietária da Silva Unhas Perfeitas" ou "Roberto Camargo, da Camargo Transportes Executivos".

Vai parecer ridículo no começo? Vai. Mas para que a cirurgia de desmembrar sua pessoa física e sua pessoa jurídica seja bem-sucedida, vai ser necessário pagar esse mico. E eu explico o porquê.

Até hoje, os seus hábitos financeiros foram calcados na ideia de que estabilidade não existe, de que você precisa "vender o almoço para comprar a janta" e coisas como "Separar a conta física da jurídica não faz sentido pra mim porque sou apenas uma profissional liberal e isso é perda de tempo". Acertei?

Pois bem, nos últimos 10 anos eu me dediquei ao estudo das ciências comportamentais buscando artigos científicos, autores e pesquisas que me dessem pistas de quais ferramentas seriam mais úteis no processo de mudança do comportamento financeiro e me mostrassem quais eram as melhores formas de ensiná-las. Neste livro trago muitos elementos dessa investigação na forma de propostas já validadas por diversos alunos e alunas do meu curso. Alguns deles generosamente trarão seus depoimentos, com o intuito de ilustrar de que forma as práticas aprendidas alteraram a maneira como cuidavam (ou deixavam de cuidar) do dinheiro.

O objetivo é que você se inspire com as histórias de pessoas reais.

A primeira convidada é uma aluna minha do curso Eu, Chefe de Mim, disponível na plataforma de streaming Me Poupe+. O exercício de passar a se colocar no mundo como **dona da empresa** e não apenas "a fulana que tem um salão de beleza" alterou a maneira de Jaqueline enxergar o dinheiro. Quando ela e a empresa se separaram, Jaque finalmente percebeu o potencial que ambas tinham.

Eu trabalho há sete anos com estética e sempre fui organizada com as minhas contas, anotava tudo, mas não tinha controle nos gastos. No começo eu atendia minhas clientes em casa. Depois aluguei uma sala, que passou a ser o meu estúdio, o que já deu outra cara para o negócio. Mas a diferença mesmo foi há um ano, depois que fiz o curso da Nath. De lá pra cá, muita coisa mudou na minha vida.

Antes eu tinha só uma conta num banco físico, onde entravam os pagamentos das clientes, mas depois do curso abri outra. A antiga passou a ser apenas da minha pessoa jurídica: o dinheiro entra todo lá e eu transfiro o meu 'salário' para uma segunda conta, digital. Nessa segunda conta eu concentro todas as despesas da minha pessoa física.

Para calcular qual seria o meu salário, peguei minha planilha de ganhos de um ano inteiro e descobri que no meu mês mais fraco eu tinha recebido 3.500 reais. É como a Nath fala: não adianta olhar para o mês em que eu ganhei mais, porque pode ter sido excepcional. Logo, 3.500 seria o meu salário. Mas eu não precisava de tanto para a minha pessoa física, então combinei comigo mesma que me pagaria 2.500 reais.

Desde essa época, eu me organizo assim: toda a renda do meu trabalho entra na conta da pessoa jurídica e a cada começo de mês eu transfiro só o dinheiro do meu salário para a conta digital. Está tudo separadinho.

Meu marido, Gilberto, não fez o curso, mas admira o controle que eu faço e entende o valor de ter tudo certinho. Ele é agricultor – plantamos tabaco na nossa pequena propriedade – e, para organizar tudo, nós dois sentamos, conversamos e entramos em um acordo para dividir nossas despesas. Nessa divisão, eu fiquei responsável por pegar parte do meu 'salário' e pagar o 'boleto' da aposentadoria para nós dois. Também vou poupando para a nossa reserva de emergência pessoal, que a Nath recomenda tanto.

O restante do dinheiro que eu ganho não é meu, é da minha empresa, e fica lá na conta da pessoa jurídica. Uso para pagar o aluguel do estúdio, repor os produtos que uso para trabalhar e poupar para as metas do meu negócio. No momento, tenho duas metas: formar uma reserva de emergência exclusivamente para a empresa e fazer uma pequena reforma no estúdio. Quando alcançar essas metas, estou pensando em me dar um aumento. Mas primeiro tenho que falar com a chefe. [Risos.]

Minha história no empreendedorismo e a minha maneira de organizar a vida financeira me renderam um convite para ser parceira do Projeto Horizonte, aqui na minha cidade. A ideia é capacitar jovens e ajudá-los a entrar no mercado de trabalho, além de formar futuros empreendedores. Isso me deixou ainda mais motivada, e espero estimular outras pessoas também a participar do projeto.

Jaqueline Aparecida de Souza Sprada, 30 anos, é microempresária do ramo da beleza em Teixeira Soares (PR)

Aposto que você ficou impressionada com a história da Jaque. Pois eu prometo que você pode ser a Jaque amanhã. É possível aprender uma nova maneira de se organizar, de cuidar do seu dinheiro, de poupar para as metas da sua pessoa jurídica e até ter o boleto da aposentadoria. A única coisa que eu te peço é: não solta a minha mão.

Sugiro que antes de continuar a leitura você separe um caderno apenas para os objetivos deste livro ou abra o aplicativo de notas do seu celular. No alto da página ou da pasta eletrônica, escreva "Novos hábitos financeiros", como se fosse o título da sua nova vida financeira como pessoa que trabalha para si própria. Essa pasta ou caderno será seu aliado de leitura, para que você possa exercitar as práticas propostas (melhor se for caderno, como explico na página 68).

Sua primeira tarefa é criar a sua nova forma de se apresentar, que coloque em pé de igualdade a pessoa jurídica por trás da profissional e a profissional por trás da empresa. A partir de agora, lembre-se, você não será apenas a "Joaquina, advogada". Lembre-se de colocar no papel ou no celular o seu nome e a empresa que você representa, como no modelo a seguir:

Vou mudar minha forma de me apresentar.
De Mariana Pinheiro, advogada
Para Mariana Pinheiro, CEO da Pinheiro Assessoria Jurídica

Se você tem cartões de visita, LinkedIn, assinatura de e-mail, etc., aproveite para alterá-los também.

"Mas, Nath, eu sou só uma manicure, trabalho em domicílio no começo da semana e num salão sexta e sábado. Dá pra chamar isso de 'negócio'?" Claro que dá, e a Jaque, que você conheceu há pouco, já deixou isso bem claro!

"Ah, Nath, eu sou nutricionista, alugo uma salinha pra atender meus clientes. Dá pra dizer que eu tenho a minha empresa?" A minha resposta a essa pergunta é outra pergunta: você tem mais de um cliente? Se a resposta for sim, então você tem um negócio.

Existem também negócios de apenas um cliente, mas uma empresa com um único cliente corre um sério risco de quebrar, caso esse cliente deixe de contratá-la. É o que acontece com todos os funcionários contratados em regime de CLT. Quem depende de um empregador – que é como se fosse seu único cliente – corre um risco muito maior de não ter empregador nenhum; afinal, basta uma mudança estratégica dentro de uma empresa para se tornar alvo de demissão. E você achando que ser autônomo é que era arriscado...

Mas afinal de contas, quando falamos de autônomos, de que tipo de profissional estamos falando?

Autônomo é todo profissional que atua sem vínculo empregatício. Os autônomos trabalham de maneira independente. Organizam a própria agenda, traçam as próprias metas e cuidam (ou deveriam cuidar) do próprio dinheiro – e do dinheiro da empresa.

Muita gente que trabalha como funcionário de empresa, em geral com carteira assinada, cobiça a vida "livre" desses profissionais, porque acha que eles não têm chefe. Na imaginação de quem tem essa suposta estabilidade, donos de pequenos negócios e prestadores de serviço podem buscar o filho na escola sem dar satisfação a ninguém. Podem tirar uma manhã de folga simplesmente porque foram na balada e compensar estendendo o "expediente" até de noite. Podem decidir começar o fim de semana na quinta-feira e fazer pilates no meio da tarde. Tudo muito bonito, muito livre, muito "eu mando em mim", não é?

Pois agora começa o choque de realidade.

A primeira notícia que eu tenho pra você é: autônomo tem chefe, sim, e dos bons. Aliás, com dedicação e trabalho disciplinado você terá vários chefes em vez de apenas um. Esses chefes são exigentes. Insaciáveis.

Os chefes dos autônomos são os clientes. Sem clientes, o negócio do autônomo simplesmente não existe.

O autônomo trabalha muito, principalmente no começo do negócio, quando ainda precisa se provar, muitas vezes cobrando preços abaixo do mercado para conquistar uma boa base de clientes. Só assim ele terá alguma vantagem competitiva e será percebido no oceano de concorrentes. Vou falar sobre precificação de produtos e serviços mais à frente e trazer ideias e ferramentas testadas para que você consiga cobrar mais pelos seus produtos ou serviços e conseguir ganhar mais em menos tempo.

Se você já é autônoma e está aqui para melhorar a sua situação, já entendeu que ser sua própria chefe dá muito trabalho e exige competências não tão fáceis de desenvolver, como foco, disciplina, planejamento, comunicação didática e envolvente para conquistar clientes, habilidades de negociação, organização para gerenciar o tempo e o dinheiro. Se ainda não sabia, agora você sabe.

E, antes que você questione a sua capacidade de agregar todas essas competências, deixa eu te contar uma coisa: nem você nem ninguém é capaz de ter todas elas na sua máxima potência em todas as áreas da vida. Todos nós temos algo de disciplinados, focados, planejados – e também, muitas vezes, o contrário de tudo isso. Um dono de bar que esquece de pagar a conta de luz é a mesma pessoa que nunca esquece um único jogo do time de futebol do coração e é capaz de preparar a casa para uma final de campeonato cuidando dos mínimos detalhes.

Você certamente reúne as competências necessárias, mesmo que em graus diferentes, só não está canalizando-as neste momento para a organização da sua vida financeira. Nosso trabalho conjunto aqui será redirecionar o talento que você já tem para a área carente da sua vida hoje, que é a gestão financeira.

"Nath, você disse que o autônomo trabalha muito. Muito quanto?"

Se você está no começo da sua jornada empreendedora, prepare-se para trabalhar de 8 a 12 horas por dia. Você vai escolher o seu horário, o que é uma vantagem, mas ainda assim serão muitas horas.

"Nath, mas eu sou CLT e também trabalho muito!"

Ok, a pessoa que é CLT também trabalha muito, mas no mundo dos autônomos estamos falando de alguém que acumula as funções de secretário, analista financeiro, gerente de marketing, representante comercial, motorista e ainda presta o serviço ou produz a mercadoria em questão, tudo ao mesmo tempo. São pessoas que têm muita dificuldade para desligar, porque têm muitas incertezas. *Será que o cliente vai mesmo fechar aquele contrato? Será que aquele paciente vai marcar horário semana que vem? Será que alguém vai encomendar as minhas marmitas hoje? Será que vou ter dinheiro mês que vem?*

Ao contrário do funcionário CLT ou do servidor público, que sabe direitinho quanto vai entrar a cada mês, o autônomo dificilmente faz planos. Uma hora está tudo bem no barquinho, com vento a favor, entrando dinheiro suficiente para fechar as contas e até investir o que sobrou, e aí vem uma onda gigante e vira a embarcação. Se não tiver uma boia, esse empreendedor afunda. Tem fases em que o mar fica agitado demais e o autônomo leva um caldo atrás de outro. Aí pode até vir uma calmaria, mas a verdade é que ele nunca sabe quanto tempo vai durar: quando menos espera, entra água no barco, ele se molha todo e a onda pode até levar a boia para longe.

Esses solavancos podem surgir com a perda de um cliente importante, ou até de todos os clientes ao mesmo tempo, como aconteceu com muita gente durante a pandemia de covid-19.

Talvez você pense que é assim mesmo. Que autônomo não tem bola de cristal e não consegue prever o futuro. Que a vida tem que ser um eterno corre-corre para pagar as contas deste mês e as que ainda vão chegar. E rezar pra ter job no mês que vem.

Pois saiba que este livro vai ser um divisor de águas na sua vida de autônoma. Você vai pensar no seu negócio em termos de a.N. e d.N.: antes da Nath e depois da Nath. Vai fazer as pazes com a sua vida financeira.

Você vai ter controle absoluto sobre quanto ganha, quanto gasta e quanto investe, mesmo que não tenha uma entrada de valor fixo na empresa.

Leia novamente a frase anterior. Isso mesmo. *Na empresa.* Pense na Jaqueline.

"Ah, Nath, isso pra mim é impossível!"

Eu sei que você pensou isso, não precisa disfarçar. Sei porque 100% das alunas e alunos que fizeram meu curso para autônomos achavam isso... até entenderem que o que faltava era conhecimento específico para quem acredita que não pode ter estabilidade – como eles e como você.

Vou além: você vai descobrir que tem potencial para ganhar mais que muita gente assalariada por aí, seja qual for o segmento do seu negócio, desde que bem gerenciado e com os diferenciais que veremos adiante com os elementos ARCURI. Mesmo que não goste de contas nem de planilhas, vai aprender a fazer o planejamento financeiro do seu negócio de um jeito indolor e eficaz. Vai montar uma reserva de emergência para sobreviver aos "caldos" e preparar seu futuro e o da sua família mesmo sem as garantias do contracheque.

Como é que eu sei disso? Porque essa é a minha vida.

CAPÍTULO 2
Por que eu posso te ajudar e como vai ser o nosso rolê aqui

Muito prazer, meu nome é Nathalia Arcuri e sou a fundadora da Me Poupe!, empresa que começou com duas funcionárias: eu e a Margarete. Eu não tinha ninguém para gravar e editar meus vídeos no YouTube quando passei a fornecer conteúdo de graça na internet, lá em 2015, e o jeito que encontrei para me filmar sem ficar desfocada foi apertar o botão de foco da câmera, uma Canon T3i de segunda mão, com o cabo de uma colher de pau encontrada na gaveta da cozinha de casa, num daqueles momentos "Meu Deus, e agora, o que eu faço?". Batizei a colher de pau de Margarete.

Hoje a empresa que eu criei com o objetivo de democratizar o acesso à educação financeira no Brasil é reconhecida internacionalmente como um veículo de transformação social e impactou positivamente a vida de dezenas de milhões de pessoas.

A Me Poupe! tem site e canal no YouTube com mais de 7,5 milhões de inscritos; um cardápio incomparável de cursos on-line com linguagem acessível e divertida por onde já passaram mais de 700 mil alunos; um aplicativo que, por meio de *machine learning*, facilita sua vida financeira para que você tenha mais tempo para ganhar dinheiro e se preocupe menos; e conteúdos gratuitos que introduziram o entretenimento financeiro no Brasil. A ideia é te enriquecer enquanto você dá risada. Tem também programa de rádio e reality show.

O combustível disso tudo é o objetivo de desfuder o Brasil. E, se antes esse era um sonho só meu, hoje é o sonho das minhas sócias e sócios, meus parceiros e de todos os mepouplayers, como chamo aqueles que vestiram a camisa da desfudência e se juntaram ao time. A nossa missão é colocar o poder do dinheiro nas mãos de todas as pessoas, começando pelos brasileiros que historicamente foram vítimas de abusos financeiros por falta de conhecimento.

Meu maior sonho pessoal hoje é ver esse povo todo com dinheiro para realizar suas metas e seus sonhos, sentindo-se livre para fazer o que quiser, com quem quiser, quando quiser. Para mim, uma vida financeira saudável é sinônimo de liberdade.

E há quem acredite que isso é loucura.

Aliás, o tanto que já me chamaram de louca... Isso porque, lá pelos meus 20 e tantos anos, eu era uma repórter de TV bem-sucedida, fazendo as coberturas mais incríveis para um canal aberto (se você já leu *Me Poupe! 10 passos para nunca mais faltar dinheiro no seu bolso*, o livro que lancei em 2018, conhece essa história). O salário que eu ganhava naquela época, em 2015, era muito acima do que eu mesma acreditava ser possível para uma pessoa em começo de carreira e muito mais do que a maioria das mulheres da minha família tinha conquistado. Eu me sentia realizada, vencendo uma barreira histórica de dependência financeira que se abatia sobre muitas mulheres da minha família. Me sentia livre.

Eu, que havia começado como estagiária em 2005, cheguei ao concorrido posto de repórter e apresentadora de um dos programas de maior audiência da TV em menos de 10 anos de carreira, um feito e tanto. Como sempre negociei salário e trabalhava para deixar o meu cliente (a emissora onde eu trabalhava) feliz, havia quadruplicado os meus ganhos em uma década.

O dinheiro estava ok. Eu poupava e investia 70% de tudo que ganhava, viajava todo ano, tinha a tal estabilidade fantasiosa e um crachá que me conferia status por onde quer que passasse. Eu aparecia na TV de milhões de brasileiros cobrindo eventos diversos, desde o assassinato em massa de jovens em uma boate em Santa Maria, no Rio Grande do Sul, até o lançamento de um filme estrelado por Robert de Niro, em Nova York.

Até que eu não estava mais feliz. Era bem difícil reportar a realidade e não poder transformá-la. Ao contrário de tantos brasileiros que partem para o próprio negócio por necessidade, fiz isso por vontade própria. E, para tanto, tracei um plano.

Comecei a planejar minha demissão passo a passo. Usei a maior parte do meu salário para montar uma reserva de emergência que me seguraria por um ano e meio caso tudo desse errado – e deu, antes mesmo de começar. Meu primeiro casamento acabou e precisei da maior parte do dinheiro para adquirir a minha parte do imóvel que havíamos comprado juntos anos antes. Fiquei arrasada, mas ao mesmo tempo grata a mim mesma por ter aquela grana que me permitiu manter meu padrão de vida.

Respirei fundo, adiei o plano e segui disciplinada na minha meta de montar o meu colchão de segurança antes de me jogar na vida empreendedora. Dividi meu tempo entre os dois chefes (eu e a TV) por mais de um ano. Trabalhava oito horas para eles, seis dias por semana, e outras três horas por dia, mais o domingo inteiro, para mim. Foi um período de muita dedicação, e precisei ter uma conversa franca com meus familiares e amigos. Expliquei que ia me dedicar ainda mais ao trabalho por tempo indeterminado e que estaria distante por alguns meses. Talvez anos.

Meu namorado na época entendeu, assim como minhas amigas. Minhas irmãs também me apoiaram sinceramente, mas meus pais ficaram preocupados. Para eles, era arriscado demais. Eu estava trocando o certo pelo duvidoso.

Já meus colegas de emissora não foram informados do meu plano. Eu o mantive em segredo até que os vídeos no YouTube começaram a ganhar certa relevância. Foi quando uma colega me alertou: "Nossa, se pegarem esses seus vídeos é capaz de te demitirem." Era o que eu mais queria.

No final de 2015, negociei intuitivamente um contrato com o primeiro cliente que se comprometeu a patrocinar por um ano meus vídeos no YouTube e os posts no blog Me Poupe!. Lembro que um agente de produtores de conteúdo na época me repreendeu por fechar um contrato anual com uma empresa, pois o canal cresceria muito e eles pagariam a mesma coisa por 12 meses. Foi o que aconteceu. Quando fechei o contrato, meu canal tinha 3 mil inscritos, e no final daqueles 12 meses já eram 300 mil. O que o agente não entendia é que o contrato me deu estabilidade e conforto para contratar funcionários, aumentar o time, gerar ainda mais conteúdo, investir e faturar mais. É essa mentalidade e capacidade de decisão mirando o longo prazo que eu quero compartilhar com você.

Conto isso tudo para reforçar que eu já estive aí onde você está hoje. Cortei muito mato alto porque não tinha ninguém que me pegasse pela mão e me ensinasse o caminho das pedras. Os cursos de empreendedorismo que encontrei eram muito distantes da minha realidade de autônoma solo – o que eu era naquele momento.

O objetivo deste livro é que você não se sinta tão só quanto eu me senti e que possa seguir com a tranquilidade de contar com um plano testado e comprovado.

Você vai precisar de:

Régua, de preferência a sua própria

Pode ser bem perturbador usar a régua de outra pessoa para medir a própria evolução – especialmente em tempo de redes sociais, em que empreendedores parecem avatares saídos de um filme de ficção científica, com vidas perfeitas, famílias bem cuidadas, corpos esculturais e milhões na conta, esbanjando seus carrões e culpando você por não ter tudo isso. O que nós vamos fazer aqui e agora é criar a sua própria régua, para que você possa medir apenas o que é realidade: a sua vida.

Tolerância

Para com esta autora, para consigo mesma, para com os seus clientes, para com a sua família, para com o mundo. Tolerância não significa fazer transfusão de sangue de barata. Significa aceitar as dificuldades e peculiaridades dos outros e as próprias. Isso faz parte do kit sobrevivência de todos que ousam ser chefes de si mesmos.

Falando em tolerância, você vai perceber que eu escrevo da forma como costumo falar, e isso inclui alguns palavrões. É que para mim nem sempre o vocabulário pautado na norma culta dá conta de expressar os sentimentos e as emoções que precisam vir à tona. E, como nos livros anteriores, a minha ideia não é ganhar um prêmio de literatura. Meu prêmio maior será ver a sua vida financeira repaginada e digna de um Oscar de melhor roteiro. Imagina você daqui a um mês olhando pra trás e pensando: *Quem diria que eu teria chegado tão longe em tão pouco tempo...* Eu te diria. Sua vida financeira será outra se você usar a tolerância a seu favor e compreender que nem tudo é do jeito que você gostaria que fosse.

Ruth e Raquel

"Gente, mas pirou de vez. Como é que eu vou ter Ruth e Raquel na minha caixa de ferramentas, Nath?"

Isso, querida leitora, querido leitor, é falta de imaginação da sua parte.

Sou de uma geração que assistia a novelas na TV, algo que está caindo cada vez mais em desuso, mas deixou suas marcas. Uma dessas novelas, *Mulheres de areia*, de Ivani Ribeiro, exibida lá nos anos 1970 pela extinta TV Tupi, com remake pela Globo em 1993, retratava a história das irmãs gêmeas Ruth e Raquel. Uma delas era doce e gentil; a outra, nem tanto. A versão que eu vi foi a mais recente, com a Glória Pires. A Glória precisava trabalhar por duas: ensaiar por duas, decorar por duas, contracenar com o dobro de colegas... tudo isso porque era uma atriz representando duas personagens, que muitas vezes apareciam juntas na mesma cena.

Assim é a vida do autônomo. Dois personagens que habitam o mesmo ser: você.

O que eu chamo de Ruth e Raquel são, respectivamente, a conta bancária da pessoa física e a da pessoa jurídica. A pessoa física é a Ruth, a doce e passiva, mas que no fim da novela é quem se dá bem. A pessoa jurídica é a Raquel, a personagem com iniciativa, mais agressiva, e cujo ímpeto é o trampolim para que a Ruth tenha seu lugar ao sol. Sem a Raquel, Ruth não teria a menor graça nem teria uma novela só para ela, sejamos sinceros.

Com as contas bancárias é a mesma coisa. Você vai precisar da sua conta Raquel, de pessoa jurídica (PJ), para abastecer a sua conta Ruth, de pessoa física (PF). Espero que você já tenha entendido isso com a mepoupeira que te apresentei lá atrás.

"Nossa, essa Nath é um gênio mesmo, agora entendi e quero Ruth e Raquel pra ontem kkkk."

Ah, para. Não foi nada.

Ainda sobre Ruth e Raquel: quanto antes você tiver as duas contas (PF e PJ), melhor. Busque contas digitais ou cooperativas de crédito, que não vão te cobrar os olhos da cara toda vez que você precisar fazer uma transferência simples. O Pix, meio de pagamento digital introduzido em 2020, ajudou a reduzir o custo de transferências entre pessoas e empresas, mas ainda existem outros serviços que podem pesar no orçamento se você não tomar o devido cuidado.

O ideal é que Ruth e Raquel habitem o mesmo núcleo noveleiro. Ou seja: faça a conta de PJ e a conta de PF no mesmo banco ou cooperativa. Assim será muito mais fácil fazer a gestão do dinheiro que vai transitar de uma conta para a outra. Mas tudo bem se estiverem em bancos diferentes – desde que você não pague tarifas e consiga gerenciar bem as duas.

CNPJ

Ter uma empresa aberta vai te gerar alguns benefícios, o primeiro deles tributário. Como profissional autônoma, sem uma empresa oficializada, você terá que pagar mais em imposto pelos serviços prestados, podendo chegar a 27,5% do que recebeu. Quase um terço de todo o seu faturamento! Com um CNPJ, você pode recolher muito menos que metade disso, dependendo, claro, de como a sua empresa foi constituída, do faturamento anual e do tipo de atividade que você exerce. Não se preocupe, falarei mais sobre isso adiante.

Aqui, aliás, vale uma pausa para explicar a diferença básica entre autônomo e profissional liberal.

O profissional liberal tem uma formação específica em determinado ramo, que ele pode ter obtido numa graduação universitária ou num curso técnico. Deve se filiar a uma organização de classe – médicos, por exemplo, precisam do famoso CRM, um número que é atribuído a cada profissional pelo Conselho Regional de Medicina de cada estado para poderem exercer a profissão de maneira regulamentada. O profissional liberal pode escolher se quer trabalhar como autônomo ou como pessoa física em regime de CLT. Autônomo, como você já sabe, não tem essa escolha: ele não possui vínculo empregatício e pronto, e a formação específica é opcional.

No entanto, as duas categorias podem ter CNPJ. Na minha opinião, devem.

E se você pensou *Nossa, que saco ter que abrir CNPJ, acho que não vale a pena*, lembre-se do compromisso assumido no início do livro. É a sua vida que precisa de recuperação e você que se prontificou a fazer algo diferente. As mudanças na sua vida não vão acontecer se você não se permitir mudar e agir de outro jeito.

Eu sei que isso pode soar rude, mas lembre que o meu compromisso é com os seus sonhos e de vez em quando vou te dar uns sacodes pra te lembrar que o protagonismo aqui é seu, e não da Ruth ou da Raquel ou da Glória Pires.

Além das vantagens tributárias (que não são poucas), ter um CNPJ vai te dar mais credibilidade e oportunidades para que você e a sua empresa faturem mais. Afirmo isso como dona de uma empresa que contrata outras empresas e fornecedores e também presta serviços para empresas maiores. Nós não contratamos serviços ou produtos de empresas e pessoas que não emitam nota fiscal, e toda empresa séria para a qual você quiser vender fará a mesma exigência. Ou seja: com um CNPJ nas mãos você expande o seu campo de atuação para poder fornecer produtos e serviços para empresas, o que pode aumentar o seu faturamento de forma exponencial. Mas respira fundo que eu vou te falar mais sobre isso quando abordar aumento de receita.

Kit Patroa/Patrão

Este é o seu novo cartão de visita. Houve um tempo em que bastava ter um cartão de papel ou um e-mail com seu nome e o @ da empresa com informações básicas na assinatura. Não é mais assim.

Além do e-mail eu@chefedemim.com.br (exemplo hipotético), é importante que a sua empresa esteja viva digitalmente e que as pessoas consigam te encontrar ao dar um Google no seu nome.

Já fez o teste?

O que aparece se alguém buscar pelo seu nome ou pelo da sua empresa em sites e aplicativos como Google, LinkedIn, Instagram, Facebook, etc.?

A presença em redes e buscadores é importante e não exige publicações diárias, a não ser que a sua estratégia de vendas esteja focada em mídias digitais. Como autônoma ou autônomo, você tem a opção de ganhar escala (ou seja, crescer) apostando mais nesse tipo de canal de comunicação. Ou você pode optar por não crescer, mas mesmo assim não pode não existir on-line.

O kit Patroa/Patrão básico inclui:

- Página profissional no Instagram e no Facebook com o seu nome, caso você preste serviços. Exemplo: um psicólogo pode ter sua conta profissional no Instagram com o próprio nome, inclusive adotando o perfil @EduardopsicólogoBR. Mas, caso o seu pequeno negócio não seja um serviço e sim venda de produtos, o ideal é ter uma conta com os itens que você oferece e apenas o nome da empresa.
- Número de telefone exclusivamente profissional, com presença no WhatsApp, para atendimento, vendas e outras transações da sua empresa (como comprar material).
- Marca registrada no Instituto Nacional da Propriedade Industrial, o INPI.

"Ai, Nath, precisa mesmo disso? Que burocracia!"

Eu recomendo, sim, caso você tenha um produto diferenciado. Esse registro é garantia de exclusividade de uso em território nacional e te protege caso alguém mal-intencionado copie o seu produto e resolva concorrer com você. Se tiver o registro no INPI, você pode provar que chegou primeiro e tomar medidas judiciais contra o imitador.

Os 4 Fs e o QUE-ME-PRE-PO-DE

Não prossiga na leitura sem antes incorporar estas quatro palavras iniciadas pela letra F, também conhecidas como os 4 Fs da riqueza. Se você leu meu primeiro livro, vai se lembrar delas.

O primeiro F é de **Foco**. Você não é a Alice no País das Maravilhas nem quero um coelho te dizendo que, se você não sabe aonde quer chegar, qualquer caminho serve. Quero que você saiba para onde está indo e não fique por aí feito barata tonta, perdida num oceano de possibilidades. O Foco vai garantir que você tenha energia para achar uma saída, mesmo que leve um tempo.

O segundo F é de **Fé**. Não tem a ver com religiosidade, e sim com acreditar que é possível. Que o caminho que você desenhou tem tudo a ver com o seu propósito e que você tem potencial para fazer acontecer. Sem esse F eu não teria deixado aquele emprego no canal de TV para me lançar na aventura Me Poupe!. Sem esse F, a maioria das pessoas não sai do lugar.

O terceiro F é de **Força**. Você ainda não tem ideia das coisas que vai ter que ouvir. Vão dizer que você está sonhando muito alto, que seu plano não é pra gente como você, que você não tem estudo, não tem experiência, não tem dinheiro, que outras pessoas já tentaram isso e falharam. Vão falar pra você "pôr a cabeça no lugar" e procurar um emprego. Eu ouvi tudo isso e coisa muito pior, mas me mantive forte no meu objetivo. Comecei com uma única funcionária, a Margarete. E hoje estou aqui falando com você.

O quarto F é aquele que você não vai esquecer de jeito nenhum. É o F de **Foda-se**. Ele não precisa ser pronunciado em voz alta, mas deve ser repetido mentalmente sempre que alguém vier com aquela conversinha do tipo "Nossa, mas você acha que isso vai dar certo?", ou então o clássico "Seu pai também disse que ia dar tudo certo e você viu a merda que deu. Você tá indo pelo mesmo caminho". E tem ainda uma muito famosa: "Tá doida?" Essa é a minha predileta.

Não deixe ninguém, absolutamente ninguém, desviar você de suas metas ou dizer que você não é capaz. No momento em que você passar a acreditar que não é capaz ou que é impossível chegar aonde quer, pode ter certeza: será impossível, e aí não vai ter absolutamente nada que você possa fazer para ter sucesso no seu negócio, seja ele pequeno, médio ou grande. A visão diminuída da sua capacidade pode até habitar a imaginação dos outros, mas jamais a sua.

E tem mais: esse quarto F é o que mantém você longe de um quinto F, o pior que existe: o F de **Frustração**. De não ter feito da sua vida o que você sempre acreditou que poderia fazer.

Os quatro Fs são vitais para o seu sucesso como autônoma, mas não vão resolver tudo. Tem algo mais que eu preciso te dizer. Não é exatamente bom, mas vai te ajudar a crescer, em mais de um aspecto.

Lá vai: você vai precisar controlar seus gastos como nunca antes.

Mas eu também posso te ajudar apresentando a você o método de diagnóstico de compras QUE-ME-PRE-PO-DE.

Antes de continuar, um pedido sincero de desculpas a quem já leu meus livros anteriores e está pensando: *Ai, de novo essa história?* Sim, de novo essa história. Vai que você esqueceu? Que acha que na vida de autônomo é diferente?

Não é. Aqui também vou pedir a você que, antes de qualquer compra, faça a si mesmo as cinco perguntas mágicas:

- Você **QUER** mesmo comprar mais esse sapato? Trocar de celular? Fazer essa viagem? Ou está nisso porque seu melhor amigo vai, alguém está fazendo pressão ou outro motivo *externo* qualquer?
- Você **MERECE** comprar isso? Se esforçou o suficiente para estar à altura da compra que deseja fazer?

- Você **PRECISA** fazer essa compra? Vai realmente fazer uma diferença significativa na sua vida?
- Você **PODE** pagar à vista? Ou vai inventar mais uma parcelinha?
- Você **DEVERIA** fazer isso agora? Será que está canalizando o seu suado dinheirinho para o destino certo?

Se você respondeu sim a todas essas questões, ótimo, vá em frente. Se ficou uma dúvida, por menor que seja, guarde o cartão ou afaste o celular da maquininha do vendedor.

Os quatro Fs e o QUE-ME-PRE-PO-DE são complementos do método que eu criei para desfuder brasileiros e brasileiras. Eles também podem ajudar você a alcançar seus objetivos financeiros mais depressa.

Agora você já tem o básico para virar a chave da sua vida financeira. É hora de olhar para a maior fonte de encrencas na vida do autônomo: Ruth e Raquel.

CAPÍTULO 3
Se sozinhas já causam, imagine juntas!

Sabe de quem estou falando, né? De Ruth e Raquel, as duas pessoas que habitam o seu negócio: a física e a jurídica. Aquelas que andam emboladas, quase indistinguíveis. Chegou a hora de separá-las.

"Ah, Nath, mas se eu sou ela e ela sou eu, por que precisamos nos separar?"

Porque isso é fundamental para você entender melhor a sua dinâmica de gastos e tomar as melhores decisões financeiras, seja para a pessoa física, seja para a jurídica. Distinguir as duas vai abrir uma janela mental importantíssima e criar novas oportunidades de administrar melhor o seu dinheiro.

Antes de mais nada, preciso que você separe alguns documentos que serão úteis para os próximos passos. Se não quiser imprimir e preferir criar uma pasta no computador, pode funcionar também (além de reduzir o uso de papel e preservar as florestas).

- Extratos das suas contas bancárias dos últimos 12 meses, incluindo pessoas física e jurídica, caso já tenha as duas contas (vai que, né?). Se tiver apenas pessoa física, vamos assim mesmo.
- Faturas do cartão de crédito (de todos que você tiver).
- Registros de dívidas e data de vencimento de cada uma delas (quero saber tudo sobre cada uma das suas dívidas, sejam elas da pessoa física ou da jurídica). Aqui entram financiamentos, boletos em atraso ou boletos que ainda vão vencer.

- Comprovantes das entradas das suas receitas (receita = todo dinheiro que sua empresa recebe) como autônoma, caso não estejam todas listadas nos extratos – isso acontece quando você recebe em dinheiro, o que não é uma boa ideia, como vou explicar adiante.

Pegou tudo? Ótimo. Se esses documentos não estiverem à mão, faça uma pausa na leitura e providencie-os. Sem eles não vai rolar. Agora pegue um caderno, caneta ou lápis e lenço de papel para enxugar as lágrimas (brincadeirinha, mas pegue, vai que precisa). Chegou a hora de descobrir quanto você custa, ou melhor, vocês, pois estamos falando das duas pessoas.

Aqui eu gostaria que você fizesse outra pausa em honra ao momento nobre que está se aproximando. Você está prestes a ter uma experiência de profunda clareza sobre sua relação com o dinheiro. Aquele momento em que, no meu método, você faz a sua **selfie financeira**: constata o real estado das suas finanças e se prepara para virar o jogo. Vamos precisar de muita determinação para arrumar a bagunça das suas contas: separar o que é consumo seu do que é da empresa; o que é essencial e o que está indo para o ralo; o que você paga sem saber e quanto dinheiro trabalha para você (se é que tem isso).

Não tem a menor ideia? Sem problemas, você não está sozinha. Tanto que estou escrevendo este livro.

Faremos duas selfies: a sua pessoal e a da sua empresa. Vou ajudar você oferecendo um presente maravilhoso: uma planilha de receitas e despesas. Não adianta revirar os olhos nem me xingar mentalmente. Planilhas organizam a vida, e essa que eu vou te apresentar é o primeiro passo da sua selfie financeira.

Essa planilha terá duas abas: uma para a pessoa física, outra para a jurídica.

Receitas você já sabe o que são: tudo que você ganha com o suor do seu trabalho. Caso você esteja olhando para a planilha e pensando em colocar aquele Pix do cliente da semana passada na linha de receitas da aba da pessoa física, já te digo: tá errado. Então vamos por partes.

Antes de começar o preenchimento, vamos falar um pouquinho

sobre algo que não é tão óbvio quanto parece: como classificar as despesas de cada um dos seus "eus". Sua missão é passar por cada despesa do seu extrato (ou extratos, no plural, caso você tenha mais de uma conta e já faz algum tipo de distinção entre a empresa e você) e jogar os valores no lugar certo da planilha, separando as DPF (despesas da pessoa física) das DPJ (despesas da pessoa jurídica).

As duas pessoas, física e jurídica, têm basicamente dois tipos de despesas: as fixas e as variáveis.

As despesas fixas são aquelas recorrentes que não mudam de valor. Aluguel, parcela de financiamento, condomínio, contribuição mensal do MEI, streaming, armazenamento na nuvem. Por que dizemos que são fixas? Porque, mesmo que você passe um mês viajando, terá que pagar o aluguel e essas outras despesas.

Já a conta de luz, por exemplo, é variável. Embora também seja recorrente, o valor pode oscilar dependendo do seu consumo (o que pode gerar uma oportunidade de economizar, anote isso mentalmente).

Tem ainda as despesas eventuais: IPVA e IPTU, por exemplo, que são fixas, mas só pagamos uma vez por ano. As despesas eventuais também precisam ser registradas na sua planilha.

Mesmo as despesas fixas podem apresentar alguma flexibilidade. Você pode concluir, por exemplo, que faz sentido se mudar para um imóvel de aluguel mais barato, ou renegociar o plano do celular, ou diminuir o número de canais da TV por assinatura, ou abrir mão de um streaming.

Eu sei que é difícil separar os gastos da Ruth dos da Raquel. Veja algumas perguntas que recolhi dos alunos e alunas que fizeram o curso Eu, Chefe de Mim, disponível no nosso streaming Me Poupe!+.

"Se você comprou um micro-ondas para esquentar o jantar, essa despesa é da pessoa física ou jurídica?"

É da pessoa física. Mas...

"Nath, eu trabalho em home office e aqueço minhas refeições em casa, no micro-ondas! Isso é despesa de pessoa física ou jurídica?"

Sentiu o drama? Se o micro-ondas serve às duas, divida o custo dele por dois e lance metade em cada planilha.

Por outro lado, se você comprou uma cafeteira elétrica para o escritório, essa conta sem dúvida é da pessoa jurídica.

"Nossa, mas que trabalhão que vai dar isso... ficar separando até o micro-ondas! Não é exagero, não?"

Pode até ser. Mas, enquanto você estiver rodando sem sair do lugar, essa é a melhor alternativa. Separar os seus "personagens" pelas despesas e receitas que cada um gera será um divisor de águas na sua vida, vai por mim. No caso do micro-ondas usado em home office, estou falando em separar o custo do produto em si e também a conta de energia elétrica da casa.

Ou então você pode simplesmente não fazer nada e ficar no mesmo lugar.

A decisão é sua.

Fui fofa agora, fala a verdade.

E, já que você concluiu que o ideal é seguir a proposta desta autora que só quer o seu bem, aqui vai mais um exemplo clássico.

Se você vai a um restaurante com a família uma vez por semana, esse é um gasto da PF. Mas, se leva um cliente para almoçar, é a PJ quem está pagando a conta. Da mesma forma, se entre um cliente e outro você para numa lanchonete e come um sanduíche, esse é um gasto da PJ.

Se você trabalha em home office, a conta de luz é da PJ ou da PF? Das duas. Se você gasta 100 reais em média, fica 50 pra cada uma.

Tudo certo até aqui? Então vamos em frente.

Agora que você já sabe a distinção, vamos começar pela selfie da **pessoa física**.

A planilha maravilhosa que eu montei não vai deixar você esquecer nenhum detalhe.

Para acessá-la, basta entrar em bit.ly/livrochefedemim. Lá você consegue fazer o download gratuito da planilha que tem uma carinha linda. Nas páginas 41 e 46 você pode ver uma versão simplificada das duas abas da planilha: pessoa física e pessoa jurídica.

A planilha da pessoa física

Despesas	Mês	Meio de pagamento
Alimentação		
Supermercado		
Feira / Sacolão / Padaria		
Moradia		
Prestação / Aluguel		
Condomínio / IPTU		
Consumo de água, gás e energia		
Educação		
Matrícula escolar / Mensalidade		
Material escolar		
Transporte escolar		
Animal de estimação		
Ração		
Banho / Tosa / Itens de higiene		
Veterinário		
Saúde		
Plano de saúde		
Medicamentos		
Dentista		
Transporte		
Ônibus / Metrô		
Táxi		
Combustível / IPVA		
Pessoal		
Vestuário / Calçados / Acessórios		
Cabeleireiro / Manicure / Higiene pessoal		
Presentes		
Lazer		
Cinema / Teatro / Shows		
Livros / Revistas		
Restaurante		
Viagens		
Serviços financeiros		
Seguros		
Investimentos		
Imposto de Renda		
Total das despesas		

Receitas	Mês	Meio de pagamento
Renda		
Salário líquido		
Vale-alimentação		
Vale-refeição		
Renda extra		
13º		
Total de receitas		

Resultado operacional (receitas - despesas)		
Investimentos mensais		

Note que antes de tudo a planilha te pede para colocar as fontes de renda, assim mesmo, no plural. Quem não quer várias fontes de renda despejando dinheiro na sua conta? Eu quero! E te recomendo querer também, porque, para quem não possui a estabilidade de um emprego, ter várias fontes de renda é o que muda o jogo.

Então repita comigo:

"Eu quero várias fontes de renda."

Mas de onde virá essa grana? Do seu negócio, na forma de pró-labore; dos seus investimentos, na forma de rentabilidade dos juros compostos; das ações que você terá depois que passar pela etapa do planejamento proposta neste livro, na forma de dividendos; do aluguel de imóveis e outros ativos que você vai adquirir ao longo do caminho se fizer tudo certinho conforme o planejado.

Imagina quando você precisar criar novas linhas para essa parte da planilha porque tem várias fontes de receita... Tô até vendo já.

Se você tem algum imóvel alugado na pessoa física ou se já recebe dividendos dos seus investimentos, pode lançar essas entradas como receitas da pessoa física, considerando o valor mensal recebido.

Já a grana da empresa e os seus recebimentos de clientes, ignore por enquanto. Lembra que o que você ganha dos seus clientes não é seu na pessoa física e sim na jurídica? Pois bem, nada de roubar no jogo aqui. Logo mais esses recebimentos encontrarão abrigo na segunda parte da planilha, que é bem mais interessante.

Depois de lançar na planilha seus ganhos de pessoa física, você pode colocar seus gastos com boletos pessoais, os meus prediletos e que gerarão mais dinheiro se forem bem investidos. São aqueles valores que você investe todos os meses para realizar seus sonhos, desde os mais simples, como um jantar bacana mês que vem, até os mais selvagens, como a sua independência financeira ou a compra de uma casa.

O quê? Nada a declarar por aqui?

Relaxa. Você não está sozinha. Segundo a pesquisa Anbima/Datafolha 2022 com o Raio X dos investidores pessoa física, apenas 15% das pessoas em idade produtiva conseguiram poupar e investir todos os meses. Nossa tarefa aqui é fazer você elevar essa estatística se tornando uma dessas pessoas que conseguem, de forma disciplinada e constante, manter os aportes, por menores que sejam, todos os meses.

Um dado animador, aliás, é que em 2021 apenas 11% das pessoas em idade produtiva conseguiam poupar todos os meses. Isso significa um aumento de 36% de um ano para outro. Eu gosto de acreditar que o maior acesso à educação financeira, incluindo conteúdos mais simples e compreensíveis, facilitou esse crescimento e facilitará cada vez mais à medida que as pessoas despertarem para a necessidade de serem as donas de sua vida financeira.

De volta à planilha!

Você vai pegar aqueles extratos que já separou e usá-los para preencher tudo direitinho, item por item, com muita transparência. Afinal, se estamos aqui para consertar sua vida financeira e transformar você em chefe de si mesma, não adianta querer se enganar, certo? Preste muita atenção para, nesta planilha, concentrar apenas as despesas da pessoa física, ou seja, só aqueles gastos que não têm nenhuma relação com o seu negócio. No caso da fatura do cartão de crédito, observe e separe apenas os gastos da pessoa física, como você acabou de aprender. Anote na planilha gasto por gasto – não vale uma anotação geral tipo "Cartão: 1.200 reais". Esses 1.200 reais são o quê? Coragem! Vamos fazer uma selfie sem filtros, exibindo as parcelinhas, as dívidas, os gastos com alimentação, moradia, supermercado, lazer, saúde, remédios... Neste momento, é suficiente que você preencha a planilha com as informações dos últimos três meses. Exige algum esforço, mas é possível e vai te trazer paz de espírito.

Minha recomendação é que você pare a leitura do livro agora e só volte depois de ter feito a planilha.

Para te incentivar, vamos à tarefa do compromisso pessoal:

Eu, _____ (seu nome), me comprometo a fazer a tarefa do preenchimento da planilha de pessoa física em até _____ horas e retomar em até _____ dias a leitura do livro mais legal que eu já vi.

Dica para facilitar a vida:

Coloque música, abra uma cerveja ou algo que você goste muito de beber, busque um lugar silencioso, coloque o celular no modo avião, evite olhar as redes sociais enquanto preenche a planilha. Transforme esse momento, que poderia ser chato ao extremo, em algo de que você vai se lembrar com alegria no futuro. Você terá uma sensação de poder e conquista que vai te acompanhar para sempre.

Vai lá, eu te espero.

Não foi? Então leia o depoimento da Cibele, minha ex-aluna, que descobriu no controle através das planilhas um meio de alcançar a liberdade financeira.

> Sempre ganhei muito bem. Nunca me preocupei em controlar os gastos, pois sou médica e o dinheiro sempre entrava. O problema era justamente esse, eu vivia um degrau acima, gastando muito e poupando pouco. Recorria a financiamentos para tudo e fechava TODO mês no negativo.
>
> A Jornada da Desfudência mudou esse cenário. Vendi meu carro e peguei um mais barato, reduzindo a dívida de 24 mil para 7 mil reais. Separei mais coisas para vender on-line (isso sempre fiz). Passei a fazer planilha e controlar cada centavo. Na hora em que a chavinha da minha mente girou, eu parei de gastar por conta. Ainda envolvi o meu marido no projeto e agora ele é o meu maior parceiro da desfudência.
>
> E o mais incrível pra mim: desde o início do curso fecho TODOS os meses com dinheiro na conta (pouco, bem pouco, mas positiva). A Jornada da Desfudência me ajudou a dormir melhor, melhorou o meu humor, acabou com aquela angústia de ficar sempre sem grana. Minha ansiedade diminuiu, o que cresceu foi a minha capacidade de acreditar mais no meu potencial e no do meu marido. Até nossa relação melhorou."
>
> **Cibele Mendes**, 49 anos, é pediatra em Florianópolis (SC)

Histórias como essa não são isoladas. Algo de mágico acontece quando a gente se sente no controle da nossa vida financeira que até pouco tempo antes parecia um bicho indomável e fora do nosso controle. É para isso que servem as planilhas. Fico indignada quando alguém fala mal delas!

Aliás, terminou a sua, né?

Acho bom, porque chegou a hora de encarar a verdade empreendedora que habita o seu dinheiro e lançar essa realidade na sua planilha de pessoa jurídica. Essa é um pouquinho mais divertida que a de pessoa física.

Só um pouquinho. Não se empolga.

Vejo você na próxima página.

A planilha de pessoa jurídica

Receitas	Mês
- Venda de serviços	
- Venda de produtos	
Renda extra – Produto A	
Renda extra – Produto B	
Renda extra – Produto C	
Total de receitas	

Despesas	Mês
- Salário (pró-labore)	
- Contador	
- Guia do Simples Nacional – DAS	
- Guia do INSS (se houver)	
- Guia do IR (se houver)	
- Locomoção – km rodados	
- Locomoção – estacionamento	
- Alimentação	
- Compra de insumos para venda / fabricação	
- Internet	
- Telefone	
Total das despesas	

Resultado operacional (+ lucro / - prejuízo)	

O ideal é que todos os seus ganhos e despesas com trabalho estejam em uma conta para pessoa jurídica. Vou falar mais sobre o kit Empreendedor(a) mais para a frente. Se você já tiver essa conta separada, será bem mais fácil preencher a planilha da PJ. Se ainda não tiver, o exercício anterior de separar o que era da pessoa física já facilitou o caminho.

Aqui, sim, a gente vai começar discriminando quanto você recebeu dos seus clientes nos últimos três meses. Minha recomendação é que você identifique cliente por cliente e cada valor lançado. Será importante ter essas informações nas mãos. Lembre-se de registrar apenas o que entrou de verdade: se você trabalhou em janeiro mas só vai receber em março, não indique essa entrada em janeiro, e sim na data em que o dinheiro efetivamente pingar na conta.

Depois, identifique nos extratos de conta-corrente e do cartão tudo que pode ser atribuído à PJ. Aquele sanduíche entre as visitas a um cliente e outro. Metade do valor do micro-ondas. O combustível do carro que você usou para fazer as visitas. Já conheci muitos autônomos que recebem em espécie e, portanto, esses valores não aparecem nos extratos bancários. Se esse é o seu caso, corre um risco muito maior de perder o controle. Minha recomendação é que você anote tudo que receber em dinheiro e no dia seguinte deposite esse dinheiro no banco, ficando apenas com o necessário para dar troco.

As planilhas são bastante autoexplicativas. No entanto, quero chamar sua atenção para três pontos:

- Já está claro que o lanche na rua, entre compromissos profissionais, é despesa de alimentação da PJ. Mas o jantar com a família ou o bar com os amigos não é alimentação, entra na coluna do lazer da PF.
- Não faça de conta que não viu a coluna "Serviços financeiros", que se refere às despesas que seu banco cobra para manter ativa sua conta de PF ou PJ. Esse pode ser um ralo do dinheiro: uma taxinha aqui, um segurinho ali, a anuidade do cartão de crédito... Anote tudo! Essa despesa pode ser ZERO. Hoje há vários bancos digitais e fintechs que miram no pequeno empreendedor e prestam serviços bancários com segurança e qualidade sem cobrar nada.
- Lembra dos boletos pessoais da planilha de pessoa física? Aqui você vai encontrar algo semelhante. São metas de investimento mensais para turbinar o seu negócio. Se você for dentista, por exemplo, e quiser oferecer serviços de clareamento, vai precisar planejar a compra do equipamento adequado, e é aqui que você vai lançar o investimento mensal que está fazendo para essa aquisição. Mais à frente vamos falar sobre financiamento e dívidas para acelerar o seu negócio. Por enquanto, o que você precisa saber é que esse dinheiro investido mensalmente, que tem como objetivo adquirir um bem que trará mais valor – e dinheiro – aos seus serviços ou produtos, deve ser lançado aqui como despesa. Se você for manicure e quiser oferecer um spray secante superpoderoso, bote aqui. São despesas que vão ajudar seu negócio a crescer. Caso você tenha feito alguma

dívida para o seu pequeno negócio, como o financiamento do carro que você usa para fazer corridas de aplicativo, é aqui na planilha de pessoa jurídica que a parcela mensal vai entrar, como um custo.

Não sei se você percebeu, mas na planilha de PJ tem um campo próprio para incluir uma despesa que, à primeira vista, pode parecer estranha. Eu me refiro ao seu pró-labore. Chique, não é? Já falamos sobre ele rapidamente, mas chegou a hora de mergulhar no assunto.

Pró-labore é quanto a sua empresa, ou seja, a sua pessoa jurídica, vai pagar a você, pessoa física, todos os meses para trabalhar nela – ou você vai fazer greve. Bugou? Vou explicar de outro jeito: a sua empresa vai "contratar" você para trabalhar nela e te pagar um salário mensal, exatamente como qualquer trabalhador em regime CLT ou funcionário público. Ter um pró-labore é o que vai garantir a estabilidade das suas entradas. Você saberá desde já quanto vai receber todos os meses.

"Mas que coisa mágica! Como assim? Quanto eu vou receber?" (Li seus pensamentos, certo?)

Na minha metodologia para autônomos, o seu pró-labore, também conhecido como salário, pode seguir dois caminhos distintos. Ambos precisarão de muita atenção e foco para trazer a tranquilidade que você tanto deseja para a sua vida financeira.

Caminho 1: O menor faturamento do último período
De forma simplificada, esse valor mensal corresponde à menor receita dos últimos 12 meses, descartando os meses em que você não recebeu nada. Isso vale, claro, para quem começou há mais tempo. Foi como a Jaqueline, que você conheceu na página 17, fez para calcular o "salário" dela. Se você é autônoma há menos tempo, pode ser o mínimo que recebeu desde que começou a ser chefe de si. Por exemplo: se no ano passado você recebeu 4 mil reais em vendas no melhor mês e 1.500 no pior mês, seu pró-labore, ou seja, o salário que a pessoa jurídica vai pagar à pessoa física a partir de agora, será de 1.500 reais, e é com essa grana que a pessoa física precisará viver por um mês sem tirar mais nada da PJ.

"Mas, Nath, se a empresa faturar só 1.500 reais ainda terei os gastos com energia, internet, combustível, matéria-prima para os produtos... Como vou me pagar esse valor?"

Eu sabia que você não ia me decepcionar. Essa pergunta demonstra o seu grau de consciência financeira crescendo a passos largos.

Todo negócio que se preze define metas anuais de faturamento. O seu, por menor que seja, não pode ser diferente.

Logo, se o seu pró-labore meta é de 1.500 reais todos os meses, o próximo passo é descobrir quanto você precisa vender em produtos ou serviços de forma que no final do mês, somando esse pagamento a todos os outros custos da sua operação, o seu saldo na planilha PJ seja igual ou maior que 0.

Veja o caso de uma pequena revendedora de doces:

Receitas	Janeiro
- Venda de serviços	—
- Venda de produtos	
Venda A	1.200,00
Venda B	900,00
Venda C	2.000,00
Total de receitas	4.100,00

Despesas	Janeiro
- Salário (pró-labore)	1.500,00
- Contador	100,00
- Guia do Simples Nacional / MEI – DAS	200,00
- Guia do INSS (se houver)	300,00
- Guia do IR (se houver)	400,00
- Locomoção – km rodados	200,00
- Locomoção – estacionamento	200,00
- Alimentação	400,00
- Compra de insumos para venda / fabricação	300,00
- Internet	200,00
- Telefone	100,00
Total das despesas	3.900,00

Resultado operacional (+ lucro / - prejuízo)	200,00

Repare que no caso da nossa doceira o faturamento total necessário para pagar o pró-labore de 1.500 e ainda ter um lucro de 200 foi de 4.100 reais. (Os valores são apenas ilustrativos, claro.)

Isso significa que o seu pró-labore, que agora é conhecido, é apenas a ponta do iceberg de muito planejamento. Para chegar a esse valor mínimo de faturamento é importante descrever e registrar na planilha todos os custos associados à venda dos seus produtos ou à prestação dos seus serviços. Vamos falar sobre margem de lucro e lucratividade um pouco adiante. Por enquanto, o que você precisa saber é que essa conta "de trás pra frente" é uma mão na roda.

É para fazer essa conta do caminho 1 que lá atrás eu pedi que você juntasse seus extratos dos últimos 12 meses, lembra?

Caminho 2: O menor custo de vida possível

Agora eu preciso muito que você pare e respire forte três vezes.

Respirou?

Ótimo. Isso vai ajudar.

Esse exercício de respiração me ajuda bastante quando estou diante de uma situação desafiadora e me faz focar no momento presente, que é exatamente o que vamos precisar fazer agora.

O negócio é o seguinte: se você chegou até este livro, é porque a sua vida não está cabendo no seu dinheiro e vice-versa.

Sobra mês no fim do faturamento e falta faturamento pra dar conta das suas contas.

A outra maneira de corrigir esse desequilíbrio de remuneração é reduzindo seus custos da pessoa física, ainda que por um período limitado. Sabe aquela história de dar dois passos para trás para poder dar dez passos à frente?

Então vamos lá.

Você já colocou na planilha da pessoa física todos os seus custos e ganhos dos últimos três meses e tem nas mãos os extratos de banco dos últimos 12 meses.

Já na planilha da pessoa jurídica você tem agora a noção clara de todos os recebimentos, custos e possíveis dívidas do seu pequeno negócio.

Olhando para essas duas planilhas, responda com franqueza:

O seu custo de vida de pessoa física cabe dentro dos custos da empresa e ainda sobra dinheiro?

Se a resposta for não, seu pró-labore será igual ao menor custo de vida possível neste momento.

"Mas como é que eu vou fazer isso? Não sei nem por onde começar!"

Tudo no seu tempo.

Falaremos sobre como reduzir seu custo de vida de forma saudável, sem precisar abrir mão do que é realmente essencial, no Capítulo 7.

DICA DA AUTORA para confortar corações e bolsos aflitos:

Faça uma varredura na sua planilha da pessoa física identificando os gastos que podem ser reduzidos imediatamente, como assinaturas, pacotes de internet, mensalidades em geral que possam ser canceladas ou negociadas e taxas de juros de financiamentos que possam ser reduzidas. Sempre há espaço para negociação.

Esse momento costuma ser dramático. Porque nove entre dez autônomos vão descobrir que o pró-labore está bem longe do custo da pessoa física que identificaram na outra planilha.

Ferrou!

Ferrou coisa nenhuma! Isso é normal e tem conserto. Vamos chegar lá.

Quando você definiu o seu pró-labore, uma coisa muito bacana aconteceu, uma coisa transformadora: você entendeu de que modo a sua pessoa jurídica vai custear a sua pessoa física.

"Mas, Nath, na realidade já é assim!"

Eu sei que é. Mas é zoado e você não tem controle. É por isso que estamos aqui: para botar ordem nessa relação disfuncional e transformar você numa pessoa jurídica rica e plenamente capaz não apenas de manter a sua pessoa física, mas também de enriquecê-la.

É por isso que eu faço muita questão de que, a partir de hoje, você tenha duas contas bancárias: uma exclusiva para PF, outra somente para PJ.

"Mas, Nath, e as tarifas?"

Ora, ora, criatura, eu já não expliquei que o mundo está cheio de bancos digitais que oferecem serviços bons com tarifa zero? Ter uma conta exclusiva da sua empresa é muito importante para que os seus clientes percebam que você é uma profissional séria, que pensa grande, que separa os dinheiros.

E mais: quero que, a partir de hoje, você pense em si como duas entidades separadas. Serão você e a firma. Ruth e Raquel. A tabela a seguir amplia o seu Kit Patroa/Patrão.

Você	A firma
CPF	CNPJ
	Registro de marca no INPI, rede social própria e logomarca
Número de telefone pessoal	Número de telefone profissional (não obrigatório, mas desejável)
Conta pessoa física em banco digital ou em bancão sem tarifa	Conta pessoa jurídica em banco digital ou cooperativa de crédito sem tarifa
Conta pessoa física em duas ou três corretoras de valores	Conta pessoa jurídica em corretora de valores
Nome limpo	Débitos de CNPJ pagos em dia
Cartão de crédito em dia e sob controle (ou seja, você gasta apenas o que tem)	Cartão de crédito da empresa pago em dia
Declaração de IRPF (imposto de renda pessoa física) em dia	Declaração de IRPJ (imposto de renda pessoa jurídica) em dia
	Chave Pix
	Maquininha para passar o cartão dos clientes (você não quer ficar dependendo do Pix que a pessoa promete mandar daqui a pouco porque está sem internet, né?)

Assim que você tiver aberto a sua conta bancária de pessoa jurídica, todos os pagamentos dos seus clientes devem ser direcionados a essa conta. A partir de agora, nunca mais quero que você pense que o que você recebe ao vender seus produtos ou serviços é seu. Porque não é! É da EMPRESA! Vendeu um bombom? É dinheiro da empresa. Fechou um pacote para maquiar uma família para um casamento? A empresa é que fechou, e o pagamento cai direto na conta da pessoa jurídica. Estamos combinadas?

Esse é o primeiro de dois passos muito importantes. O segundo passo é definir uma data para enviar o seu pró-labore da conta de pessoa jurídica para a conta de pessoa física. Você vai pagar o seu salário a si mesma pela primeira vez na vida e esse será um passo gigante na sua trajetória.

Assim como uma empresa, você pode dividir essa grana em duas parcelas. Se o valor que a empresa te "deve" pelos seus serviços é de 1.500 reais, você pode receber essa quantia em duas vezes de 750 reais, uma no dia 5, outra no dia 20. Lembre-se: você é sua chefe, é você quem faz as regras. Ainda que não seja o valor total que você necessita para viver, ao menos agora você já sabe quanto vai receber todos os meses desde que a sua empresa fature com o seu trabalho. Essa sensação traz algum conforto, não traz? Pode não ser suficiente, mas é justo, afinal, esse foi o valor mínimo que a sua empresa faturou em um mês no ano anterior graças ao seu esforço, e não será difícil repetir esse feito. Ou então é o menor valor que a sua Ruth topou receber. Você entendeu que ou terá que economizar na pessoa física, para que o "salário" pague todos os seus boletos, ou terá que dar seus pulos fazendo renda extra para ganhar mais dinheiro, certo?

Isso me lembra a história do desenvolvedor de softwares Lucas Caixeta, que durante a pandemia de covid-19 acabou sendo o único provedor da família. Ele morava com a mãe e dois irmãos, os três desempregados, e as despesas eram maiores que o salário dele, que na época trabalhava em regime CLT. Endividado e incomodado, o Lucas fez a Jornada da Desfudência para encontrar jeitos de ganhar mais. E adivinha? Virou um empreendedor serial.

Quando a Nath começou a falar em dar uns pulos e fazer renda extra, acendeu uma luz no fim do túnel para mim, mas parecia difícil de executar. Afinal, mesmo trabalhando em home office por causa da pandemia, eu tinha um horário a cumprir. Como ia vender brigadeiro na rua ou algo assim? Eu precisava de uma fonte de renda extra que pudesse "funcionar" sozinha.

Sou meio nerd, do tipo que adora bonequinhos e camisetas de séries e filmes, e sempre quis criar camisetas que eu mesmo usaria com gosto. E se eu montasse uma loja on-line de camisetas? Meu irmão Filipe, hoje meu sócio, se animou com a ideia e fomos estudar o conceito de *dropshipping*, ou seja, de vender algo que não temos em estoque. Mas nossa ideia não era encaminhar o cliente para outras lojas, e sim criar nossa própria marca, com nossos desenhos. Foi assim que nasceu a Fanorama, uma loja virtual que trabalha com *print on demand*: só confeccionamos a camiseta depois que alguém compra. Como sou desenvolvedor, montei um site simples e amigável. Meu irmão é formado em publicidade e cuidou das artes e das redes sociais da loja. Em uma semana o negócio estava de pé.

Nossas primeiras estampas eram inspiradas no espaço e saíram muito bem. Nós mesmos é que desenhamos. Buscamos um parceiro para produzir usando tinta ecológica, biodegradável, e isso também ajudou no marketing. O dinheiro ia entrando e usei o método 70/30 da Nath: a maior parte ia para o pagamento das dívidas e o restante era reinvestido na loja, que ia crescendo e exigindo novos movimentos, novas coleções. Precisávamos, por exemplo, de artistas que criassem artes exclusivas para nossas peças.

Alguns meses depois, quando tínhamos quitado todas as dívidas, comecei a fazer minha reserva para realizar uma meta: um intercâmbio nos Estados Unidos. No ano passado eu realizei esse sonho-meta, que me ajudou a melhorar meu inglês e me permite sonhar ainda mais alto.

Um pouco antes de viajar, fui demitido do emprego CLT que eu ainda mantinha, mas logo recebi uma proposta de trabalho como PJ e já voltei do intercâmbio para assumir esse novo trabalho. Como PJ, eu me sinto mais encorajado a continuar empreendendo. A experiência com a Fanorama está sendo tão rica que pensei: *Por que não ensinar outros empreendedores a abrir negócios virtuais?* Então comecei a planejar uma agência de sites voltada para e-commerce, em parceria com meu irmão. Estou fazendo algumas capacitações e preparando meu plano de negócios. Me tornei um cara que cria coisas em série!

Nada disso teria acontecido sem a virada de chave dos cursos e dos vídeos da Nath. Foi o pontapé para eu entender que tinha potencial, que não precisava ficar estagnado. Hoje, quando tenho pensamentos negativos, eu me questiono. *Peraí, por que você está pensando que não é pra você? É, sim!* Acabei de fazer coisas muito legais e sei que sou capaz de fazer outras mais legais ainda.

Lucas Caixeta, 30 anos, é desenvolvedor de softwares e empreendedor em Lavras (MG)

A sua selfie pode ficar ainda mais nítida se você conseguir prever suas entradas para os próximos meses. Sonho? Fantasia? Nããããão! Algumas categorias de autônomos têm clientes recorrentes, o que é mais comum quando são profissionais liberais (você pode voltar à página 30 para ver qual é a diferença). Um psicólogo, por exemplo, atende certo número de pacientes por semana e sabe que esses pacientes continuarão vindo. Um personal trainer sabe que tem x alunos e que eles vão continuar pagando nos próximos meses. Então vá ali no campo da planilha que indica o provisionamento de receitas e despesas e indique sua perspectiva para os próximos seis meses. Claro, sempre pode haver algum desequilíbrio – um paciente que encerra o tratamento, um aluno que deixará de ter aulas com você –, mas ainda assim você terá uma fotografia mais realista se tiver essa visão do futuro.

> **Tudo no papel**
>
> Um toque importante: se você tem clientes recorrentes, faça um contrato. Não precisa ser um documento rebuscado, hiperformal, com 20 páginas. Pode ser algo simples, que assegure um combinado entre as partes. No caso de um personal trainer, por exemplo, pense num contrato que mencione a frequência das aulas; estabeleça um prazo, após o qual o contrato será renovado ou não; e até "penalidades", como o aluno pagar a aula integralmente caso desmarque no mesmo dia.
> "Ah, Nath, mas o que vão pensar de mim se eu propuser um contrato? Não fica chato? Não parece desconfiança?"
> Minha resposta é: você é profissional, e é assim que tem que pensar em si mesma. Se você fosse uma academia, toparia receber alunos sem contrato que previsse o dia de pagar a mensalidade e valor devido, inclusive com cláusulas de multa em caso de inadimplência? Acredito que não... Então por que a "academia ambulante" que é você seria diferente? Quem valoriza o seu trabalho vai entender e aplaudir o fato de você estar agindo com esse nível de profissionalismo.
> Se tiver dúvidas na hora de redigir o contrato, procure uma amiga ou amigo advogado ou pegue um contrato de referência. Se tiver necessidade de contratar um advogado, negocie um valor justo e que caiba nas despesas da sua pessoa jurídica. Você também pode propor uma troca de serviços, a famosa permuta: no caso de um personal trainer, um pacote de aulas para uma cliente advogada pode ser o pagamento da redação do documento. Mas não deixe de fazer. Só tem cliente recorrente quem tem um contrato com esse cliente. Caso contrário, pode ficar na mão de uma hora para outra.

Imagine que você prestou um serviço em janeiro e vai receber em duas parcelas, março e abril. Indique nesses dois meses o valor que entrará. Mas não deixe de registrar as despesas também, para que você não ache que está rica e não saia gastando por conta.

Lembre-se:

A partir de agora, todo dinheiro que entra não é seu. É da empresa. O seu dinheiro é o pró-labore que a empresa vai te pagar todos os meses.

Olhando para as planilhas, a essa altura você já tem a sua selfie financeira e a selfie da sua empresa. Foi um passo enorme e eu estou morrendo de orgulho. Mas eu sei que você tem um monte de dúvidas. Não solta a minha mão, confia e vamos em frente. Esse é o único caminho para quem decide ser chefe de si.

CAPÍTULO 4
Ativos ou passivos: quem manda na sua vida financeira?

Achou que não ia ter mais planilhinhas, né?
Pois errou, hahaha. Vem mais uma aqui, mas primeiro preciso te explicar o que são ativos e passivos, o que é receita e despesa e qual a diferença entre eles. Mais um passo, e muito importante, no reconhecimento da sua situação de pessoas física e jurídica.

E aqui vale a pena, mais uma vez, usar o pensamento Ruth e Raquel. Lembre-se de que você é uma pessoa ocupando dois papéis, ou talvez eu deva dizer que são dois papéis ocupando uma pessoa. É por isso que o conceito de ativo e passivo também muda da pessoa física para a jurídica.

"Putz, lá vem ela me fazer preencher duas planilhas de novo..."

Confesso que, como autora, sempre me surpreendo com a sagacidade dos leitores. E você pensou certo! Serão duas planilhas de ativos e passivos. Uma para a pessoa física, outra para a pessoa jurídica.

Vamos começar pelo mais simples, os ativos e passivos da pessoa física.

Na linguagem dos contadores, ativo é qualquer recurso que pode gerar valor econômico positivo. Na linguagem da Nath, ativo é qualquer bem ou dinheiro que trabalhe para gerar mais dinheiro para você sem que você precise se esforçar mais do que já se esforçou.

Passivo, na linguagem dos contadores, é o conjunto de obrigações financeiras de um negócio. Na linguagem da Nath, passivo é todo bem que gera apenas despesas, como o carro que você usa no dia a dia.

Muita gente pensa que carro para ir e vir do trabalho ou para passear nos fins de semana é um ativo, uma espécie de investimento. Lamento, mas não trago boas notícias: carro é um bem de consumo que gera despesas e se desvaloriza com o tempo. Você não ganha nada *financeiramente* tendo um carro. Ok, você ganha conforto, agilidade para ir aonde quiser sem depender de transporte público, mas tem gastos enormes: IPVA, licenciamento, combustível, seguro... E, por conta da desvalorização, se for vender você não recupera o que pagou. Na ponta do lápis, ter um carro é um sonho de consumo caro. Não estou dizendo que você não deva ter um. Você é livre para sonhar com o que quiser, mas precisa ter consciência de que alguns sonhos podem custar muito mais do que aparentam. Se o carro e todos os custos que vêm com ele cabem na sua planilha e não tomam dinheiro de outro elemento essencial, por mim tá tudo certo.

Apartamento financiado em 360 meses é um ativo ou um passivo? Embora ainda hoje a casa própria seja o maior sonho de consumo dos brasileiros (era o meu também, até conquistá-la, em 2008), é com muito respeito pelo seu sonho que eu lhe informo que a casa própria também é um passivo do ponto de vista do planejamento financeiro pessoal, já que não te gera renda passiva.

"Mas, Nath, meus pais sempre disseram que a nossa casa é a única coisa que ninguém tira da gente. Além disso, o apartamento ou a casa se valorizam!"

Seus pais estavam certos. Desde que o bem seja seu e não financiado, ninguém pode tomá-lo de você. Mas acreditar na valorização futura do bem onde você mora criando a expectativa de riqueza a longo prazo pode ser uma estratégia bastante arriscada, muito mais até do que investir na bolsa de valores. Explico por que não consideramos o imóvel próprio como ativo no planejamento financeiro pessoal:

1. **Baixa liquidez.** Pode ser bem difícil vender seu imóvel no momento em que você precisar de dinheiro (ou pelo menos vender por um bom preço. Se pedir um valor bem abaixo do mercado, provavelmente vai conseguir vender rápido, mas vai perder dinheiro).
2. **Preço idealizado vs. preço de mercado.** Aposto que você já ouviu um parente dizendo algo como "Minha casa vale 1 milhão, mas os

caras estão me oferecendo 700 mil, assim eu não vendo". A casa, no caso, não vale 1 milhão, e sim os 700 mil que estão oferecendo. E, se esse parente adquiriu a casa pensando em vender futuramente por um preço maior, terá uma grande frustração quando chegar lá na frente e descobrir que seu plano deu errado.

3. **Necessidade de moradia.** Tá, daqui a 20 anos você vende a casa por um valor muito maior do que pagou, mas todos os preços futuros também estarão mais altos, inclusive o do novo imóvel que você vai precisar comprar ou alugar. Você vai viver onde? E quanto dinheiro vai sobrar depois da venda, tirando os impostos?

É por esses motivos que a casa própria precisa ser colocada no lugar que lhe cabe no seu planejamento pessoal: o de sonho de consumo, não de investimento. E, como sonho de *consumo*, ela só tem custos. E, se só tem custos, é um passivo.

Agora veja a diferença: um apartamento próprio que você aluga para alguém, seja quitado ou financiado, é um ativo. O que você recebe desse inquilino ou por aluguéis de temporada, usando plataformas como Airbnb, é receita, é dinheiro pingando na sua conta.

E a casa alugada onde você mora? É ativo ou passivo? Nenhum dos dois, porque a casa não é sua. O que você vai fazer com esse gasto é incluir o valor na planilha da pessoa física como despesa de aluguel. Se você trabalha em casa, metade do valor do aluguel vai para a pessoa física, metade para a jurídica – vale o mesmo raciocínio do micro-ondas que a gente fez antes.

Agora que você já entendeu a diferença entre os ativos e passivos da pessoa física, vamos descobrir os ativos e passivos da sua segunda persona: a pessoa jurídica.

"Nath, o dinheiro que eu recebo dos meus clientes é um ativo?"

Não, é receita, e vai lá pra primeira planilha de PJ, no campo de receitas.

"Você disse que carro é bem de consumo. O carro que uso para fazer corridas de aplicativo também é passivo?"

Que maravilhosa essa pergunta.

Não, porque sem o carro você, como motorista de aplicativo, não conseguiria trabalhar nem obter receita. Nesse caso, o carro é considerado um ativo.

Entender direitinho o conceito de ativo e passivo e suas peculiaridades para a vida financeira pessoal e empreendedora será muito importante daqui pra frente. Claro que não estou falando de grandes empresas consolidadas, situação em que esses conceitos têm outro peso e dimensão. Estou falando de *você*, que está começando agora, ou que, já sendo autônoma ou autônomo, quer ter tranquilidade financeira.

Qualquer pessoa ou negócio financeiramente próspero precisa de um desequilíbrio entre ativos e passivos.

"Quê? Eu li 'desequilíbrio'? Será que foi erro de digitação?"

Não, não foi uma falha no sistema. Você leu corretamente. Esse é o desequilíbrio mais valioso que você terá na sua vida, vai por mim.

E acredito que você já matou a charada: precisa ter mais ativos do que passivos. E, entre os ativos, é fundamental ter dinheiro investido trabalhando para você.

O problema é que, desde criança, a gente aprende a juntar um monte de passivos – casa própria e carro são só os exemplos mais clássicos – e torrar dinheiro com eles, sem se preocupar em ter investimentos que gerem renda, como CDBs, fundos imobiliários, títulos do Tesouro Direto, ações e até terrenos, casas e outros imóveis que possam gerar renda passiva.

Vou dar mais exemplos de ativos e passivos na vida autônoma para a gente ficar na mesma página – e para você preencher corretamente a planilha que vai mudar sua vida. Se você é dentista e tem consultório próprio, é correto pensar no consultório como um ativo, afinal, é de lá que você tira o seu sustento. Além disso, se você fez a lição de casa de encontrar um imóvel em uma área bacana da sua cidade, onde a busca por imóveis semelhantes é sempre alta, ainda poderá ganhar com a valorização do consultório em uma possível venda futura. Mas o mesmo consultório, apesar de ser um ativo, gera despesas, como IPTU, manutenção, contas de água e luz, seguro e outras.

E aí você pode me perguntar: "Então será que não era melhor deixar o dinheiro investido e alugar um consultório?" E eu, como sua orientadora financeira, te devolvo com outra pergunta:

Depende. Qual é o seu custo de oportunidade?

E você, talvez com ódio da pergunta sobre a primeira pergunta, ainda sem resposta, me devolveria com outra pergunta: "O que é isso?"

Custo de oportunidade é um conceito muito queridinho dos economistas. De um jeito simplificado, é o que a gente deixou de ganhar quando fez uma escolha. No caso do nosso dentista, se ele tivesse deixado o dinheiro aplicado em vez de comprar um imóvel para instalar o consultório, talvez esse dinheiro tivesse rendido acima da valorização do imóvel ou do custo negociado de um aluguel. Deu para entender?

"Deu, musa das oportunidades, mas como é que a gente calcula isso?"

Bom, é complexo mesmo, e nem sempre é possível. No caso dos investimentos, há muitas formulinhas e simuladores, mas o importante aqui pra nós é que você precisa pensar nisso e buscar todas as informações possíveis para tomar a melhor decisão. Como tem sido a valorização dos imóveis no bairro onde você pretende montar seu consultório? Por outro lado, se aplicar esse dinheiro em um CDB que renda acima da inflação e da poupança, qual é a perspectiva de rentabilidade para os próximos meses e anos? (Fique tranquila, vou explicar o que é CDB mais pra frente.)

Esse é um conceito que explode mentes e potencializa contas bancárias. Mantenha essa ideia no seu radar e pesquise mais sobre ela.

Hoje, vivo me perguntando se realmente preciso ter todas as coisas que acho que preciso ter. E sugiro a você que também se faça essa pergunta. Você precisa mesmo de um carro que fica a maior parte do tempo na garagem? Precisa mesmo de uma casa que você só usa para dormir e nos fins de semana – isso quando não viaja? E a ideia não é te forçar a responder "É, não preciso". A minha intenção é mostrar que seus sonhos importam, e é justamente por isso que, caso ter uma casa na praia seja seu sonho de consumo, você não deve permitir que distrações e desperdícios com passivos tornem seu caminho até a realização desse sonho mais difícil e lento.

Pense em cada passivo desnecessário como um saco de areia prendendo o seu balão da realização. À medida que você corta esses pesos, fica muito mais fácil chegar aonde você quer.

Agora que o conceito está cristalino na sua cabeça, quero que você preencha estas planilhas aqui. Usei como exemplo um carro usado apenas para o lazer na aba de PF e uma batedeira para uso profissional de uma boleira na aba PJ.

PESSOA FÍSICA

Nome	Data da compra	Custo estimado (desde a compra)	Rentabilidade ou taxa de juros	Ativo ou passivo?	Custo de oportunidade perdida	Renda obtida
Carro	março de 2017	R$11.240,00	0,5%	passivo	R$11.894,91	0

PESSOA JURÍDICA

Nome	Data da compra	Custo estimado (desde a compra)	Rentabilidade ou taxa de juros	Ativo ou passivo?	Custo de oportunidade perdida	Renda obtida
Batedeira	janeiro de 2024	R$500,00	0	ativo	0	R$5.000,00

Reparou no custo de oportunidade perdida na planilha da PF? Esse valor é quanto o dinheiro pago pelo carro teria rendido se tivesse sido investido. Já combinamos que não vamos detalhar esse cálculo para não complicar as coisas, certo? Certo.

Agora vamos à renda obtida com a batedeira na planilha da PJ. O raciocínio aqui é o seguinte: seis meses atrás a boleira investiu 1 mil reais em equipamentos de cozinha e desde então faturou 10 mil com seus bolos. Como a batedeira foi metade do valor dos equipamentos, então metade desses 10 mil vem da batedeira.

Essas planilhas também vão dar um pouco de trabalho, mas insisto: vai valer a pena. Elas te trarão uma clareza e um conhecimento da sua situação financeira que dificilmente você teria de outra forma. Fique de olho nos passivos e foque em descobrir quanto de despesa eles geraram nos últimos anos. Pegue extratos antigos, some parcelas e veja, por exemplo, quanto seu apartamento financiado já te custou. Quanto você pagou de juros? E o seu carro? Quanto em dinheiro ele consumiu? Quanto se desvalorizou desde a compra? Valeu a pena? Ver os números permitirá que você avalie, por exemplo, se não seria melhor vender seu carro, um passivo que dá tanta despesa, investir o dinheiro no Tesouro Direto e andar por aí de aplicativo. (A não ser que você seja motorista de aplicativo. Nesse caso, estamos combinados que carro é ativo, certo? Um detalhe: se você usa o mesmo carro para fins pessoais, não esqueça de incluir metade dos custos mensais na sua planilha de PF e a outra metade na planilha de PJ, tal como o micro-ondas.)

Ou, pensando de outra maneira, por que eu não posso ser dona de um carro com outras pessoas, cada uma fazendo uso do veículo um dia na semana ou algumas horas por dia? Já pensou nessa opção? Mas você só vai saber se é uma opção se fizer a conta. É como eu sempre digo: os números não mentem jamais.

POR FALAR EM números que nunca mentem, pode ser que, nesse levantamento de ativos e passivos, receitas e despesas, você tenha descoberto que tem muitas dívidas.

Infelizmente, essa é a realidade de boa parte da população do nosso país. Segundo a Pesquisa de Endividamento e Inadimplência do Consumidor (Peic), realizada pela Confederação Nacional do Comércio de Bens, Serviços e Turismo (CNC), quase 8 em cada 10 brasileiros estão endividados. É uma realidade que tira o sono, prejudica casamentos e outras relações familiares e deixa a pessoa se sentindo culpada o tempo todo. Bem, o foco deste livro não é o endividamento, mas, se for o seu caso, deixo aqui um presente: uma cartilha com o meu passo a passo para você se livrar das dívidas e se tornar uma autônoma ou autônomo com o nome limpo. Acesse em: bit.ly/livrochefedemim

CAPÍTULO 5
Não seja a Alice da sua vida financeira: para que servem sonhos e metas

Você se empenhou até aqui, então a boa notícia é que agora vamos pensar no futuro que você quer para você. Nos seus sonhos e nas metas que transformarão esses sonhos em riqueza. Ai, que festa! (Não acredito que eu não tinha escrito isso ainda!)

Você já leu o livro ou viu o filme *Alice no País das Maravilhas*? Essa história tem uma cena que eu adoro, que diz muito sobre a importância da conversa que a gente vai ter neste capítulo.

Alice está perdida. Diante dela há vários caminhos, e nenhum ela conhece. Então ela pergunta para o Gato, aquele personagem de sorriso maroto que parece saber tudo, inclusive a estrada que Alice deve escolher. Ele responde (e eu assino embaixo): "Quando você não sabe para onde está indo, qualquer caminho serve."

Será que você é Alice na sua vida financeira? (Silêncio profundo.) Afinal, você sabe por que trabalha tanto? Por que quer ter mais dinheiro?

Aqui vamos de novo separar as duas pessoas, física e jurídica, e fazer um momento "Alice desconstruída" para cada uma delas. Começando pela pessoa física, que vai orientar a pessoa jurídica para que ela tome decisões mais acertadas.

Se você já leu meu primeiro livro, talvez se lembre do espaço que os sonhos e metas ocupam no meu método de enriquecimento lícito.

Os sonhos são os propulsores das nossas ações. Eles nos empurram para obter o que queremos – desde que sejam transformados em metas. Ou seja: para começar a mudar o cenário que você identificou quando preencheu as planilhas, nosso próximo passo será colocar o novo cenário no papel. Literalmente.

Vou deixar um espaço em branco aqui apenas para os seus sonhos. Não tenha medo de rasurar o livro. Mas, se você é do time que não gosta de escrever nas páginas, este é o momento em que você pega um caderno reservado apenas para a sua vida financeira, abre e escreve "Meus sonhos selvagens" na primeira página.

De preferência, a caneta. Sem amarras! Vários estudos, inclusive um conduzido recentemente pela neurocientista holandesa Audrey van der Meer e publicado na revista *Frontiers in Psychology* ("Handwriting but not typewriting leads to widespread brain connectivity: a high-density EEG study with implications for the classroom", 2024), mostraram que escrever à mão ativa mais áreas cerebrais do que apenas digitar o mesmo conteúdo, estimulando o processamento da informação. Ou seja: você entende e aprende melhor quando anota as ideias em papel com caneta ou lápis.

Pegou a caneta? Ótimo. O exercício a seguir pode ser muito difícil para a maioria dos leitores, assim como é para a maioria dos meus alunos.

Quantas vezes na sua vida você parou e pensou: "Tá, o que eu quero da minha vida de verdade?".

Eu sei que você já pensou "Eu quero ganhar na loteria, quero dinheiro, quero um amor, quero saúde... uma air fryer nova e viajar para as Maldivas", não necessariamente nessa ordem.

Mas agora o papo é sério.

Você tem diante de si apenas cinco linhas e um título: "Meus sonhos selvagens". Use as linhas a seguir com intensidade, honestidade e faça o possível para extrair do fundo do seu coração (não da sua mente) o que você realmente gostaria que se tornasse realidade se tudo fosse possível. Por isso o título é "Meus sonhos selvagens" e não "Meus sonhos mais ou menos".

Dica 1: Não limite seus sonhos. Não tenha vergonha deles. Só você terá acesso a esse registro, a não ser que queira muito compartilhar com alguém.

Dica 2: Não se preocupe com o tamanho dos seus sonhos agora. Não é porque está escrito que você vai precisar realizar todos ao mesmo tempo pra amanhã.

Pode ser uma viagem pelo mundo, pode ser uma máquina de costura, uma casa para a sua família, a paz mundial, um emprego decente, a aposentadoria antecipada, pode ser trocar de carro, fazer o cruzeiro da Xuxa, ter uma empresa que emprega milhares de pessoas... o que você quiser. Pode ser um sonho no plano das ideias, desconectado de bens materiais. Quando eu era estudante de Jornalismo, sem talento e falando baixinho de forma quase incompreensível, meu sonho era ser repórter e apresentadora de TV. Sonho não tem limite. Pode sonhar que é grátis e, como dizem por aí, sonhar grande ou pequeno dá o mesmo trabalho. Lembre-se de que são os sonhos para você pessoa física. Pronta? Então anote:

MEUS SONHOS SELVAGENS

1. _____

2. _____

3. _____

4. _____

5. _____

Pode ser que você tenha se sentido intimidada diante dessas linhas em branco. Talvez tenha pensado: "Ah, eu já conquistei tanta coisa, não preciso de mais nada." Ou talvez ache que mirar nesses sonhos é arrogante, pretensioso, vaidoso. Sabe por que esses pensamentos estão vindo? Porque nosso cérebro pode ser um grande sabotador. Talvez haja uma voz dentro da sua cabeça dizendo que você não merece o sucesso, não merece conquistar o que deseja. Sabe o que você faz nessa hora?

Abaixa o volume dessa voz e diz pra ela: "Será que você pode dar uma volta?" Não dê atenção a essa voz traiçoeira. Escute o seu coração. Deixe que ele te diga onde moram seus desejos, mesmo os mais selvagens. Volte para aquelas linhas que você deixou em branco. ESCREVA.

Isso. Agora sim. Entenda que não estou estimulando você a ser consumista. Estou apenas querendo que você descubra o que te move, porque isso será fundamental para a sua jornada de autônomo e já, já você vai descobrir por quê.

Não sei de que tamanho ficou a sua lista. Pode ser que você tenha escrito um sonho. Dois. Mas pode ser que tenha achado o espaço insuficiente, pegado uma folha de papel e registrado, sei lá, 23 sonhos.

"Faço o que com isso, Nath? É muito sonho."

Antes de prosseguirmos, primeiro eu quero te dar os parabéns por ter concluído essa tarefa. Sem ela, não tem plano financeiro que pare em pé. Então pode comemorar. O mais difícil já passou.

Mas o que a gente faz quando tem tantos sonhos? A gente prioriza e cria uma "ordem de chegada" para eles, equilibrando os prazos para ser feliz hoje e não apenas no dia em que o sonho for realizado.

Vamos filtrar esses sonhos juntas e chegar aos mais preciosos para você. E sabe qual é o melhor filtro de sonhos que já inventaram? Algo de que pouco se fala, não se ensina nas escolas, mas que, com sorte, você aprendeu em casa:

Valores.

Quais são os seus principais valores na vida?

Essa pergunta faz parte de um dos exercícios mais importantes para o método que eu criei, algo que já ajudou muitos "jornadeiros" (o apelido carinhoso das pessoas que frequentaram meu primeiro curso, a Jornada da Desfudência, lembra?) e que também vai ajudar você.

Vamos refletir sobre os seus valores.

Parece que a conversa ficou profunda de repente, não é? Pois ficou mesmo. Falar sobre os nossos valores é algo muito sério, envolve um mergulho de autoconhecimento e uma investigação sobre quem somos e o que nos faz felizes. Afinal, não estou falando de valores matemáticos. Eu me refiro aos valores morais. Alguns recebemos de nossos pais, outros construímos ao longo da vida, por conta do que aprendemos e (às vezes) pelo tanto que quebramos a cara. E para muita gente os valores são transmitidos pela religião.

Ah! Importante: valores não são algo que se pegue emprestado. Não se copia o valor de alguém. É comum inclusive encontrar pessoas da mesma família com conjuntos diferentes de valores.

Mesmo que estejam consolidados dentro de nós, nem sempre a gente consegue identificar de primeira quais são os nossos, mas depois que isso acontece, nossa! A gente entende tudo.

O relato da Paula pode te ajudar a entender melhor de que forma isso ocorre na prática.

Sou dentista e estou terminando meu mestrado em odontologia direcionada à saúde mental e ao comportamento humano, área que sempre me interessou muito. Mas demorei a achar meu caminho. Depois de formada, atuei em algumas clínicas e, mesmo sem entender por quê, eu me sentia incomodada com algumas coisas da profissão.

A história da odontologia é muito tecnicista. Uma boca, um dente, uma cárie, um tratamento, pronto. Os tecidos estão ok? Alguma alteração? Não. Então o paciente estava liberado. Isso era o essencial de ser uma boa dentista. O restante do corpo ficava de fora. Claro que fazer uma boa restauração ainda é importante, mas hoje sabemos que é preciso considerar o ser humano como um todo, principalmente na área da saúde.

Ao mesmo tempo, nas clínicas onde eu trabalhava se falava muito em clareamento, harmonização facial, procedimentos estéticos que custavam caro e nem sempre eram úteis ou necessários. Nunca vendi nada e só oferecia serviços quando julgava que seria importante para o paciente. Por causa disso, eu nunca durava muito tempo nesses empregos. Teve uma clínica em que trabalhei um dia e nunca mais voltei por causa das condições impostas.

Eu me perguntava: *Por que isso me incomoda tanto?*

Já acompanhava a Nath pelos vídeos quando decidi fazer a Jornada da Desfudência. Meu objetivo inicial era aprender a investir. Venho de uma família que sempre nos incentivou a guardar dinheiro, e meus pais faziam isso com muita dificuldade, pois não ganhavam muito. Porém nunca nos ensinaram a aplicar o que a gente guardava. Com a Nath eu aprendi isso e muito mais.

No curso, quando ela falou sobre a necessidade de a gente pautar as nossas decisões pelos nossos valores, eu entendi todo aquele incômodo que me acompanhava na carreira de dentista. A necessidade de ser apenas técnica e de vender procedimentos se chocava com o meu valor mais profundo: o cuidado, o zelo com o ser humano.

Quando eu recebia um paciente, observava tudo: as condições de saúde aparentes, o humor, o autocuidado. Se aquela pessoa estivesse deprimida, de que adiantaria dizer a ela que precisava escovar os dentes cinco vezes ao dia? A atenção precisava ser holística. Ao ver o paciente apenas como uma boca ou como alguém a quem eu podia vender procedimentos, como exigiam em certos lugares por onde passei, eu contrariava meus valores e quem sou.

Essa constatação trouxe muitas mudanças. Meu mestrado, por exemplo, tem tudo a ver com comportamento humano. Ao longo desse tempo fui desenvolvendo minha espiritualidade e criei meu canal Pergunte ao Tarot, no Youtube. Ele acabou se tornando minha principal fonte de renda por um tempo. Também trabalho com minha irmã em um projeto social para ensinar dança do ventre a mulheres em situação de vulnerabilidade social. E, mais importante, comecei a estruturar uma empresa de palestras para levar letramento em saúde bucal a empresas e a comunidades.

> Agora estou caminhando na direção certa. A Nath virou uma chave mental importante para isso: a da amplitude. Não me limito mais ao que eu posso ver – sei que sou capaz de muito, muito mais.
>
> **Paula Juliene Teles Alves**, 37 anos, dentista em Contagem (MG)

Agora vou falar dos meus valores para encorajar você a pensar nos seus e depois colocá-los em ordem de importância.

O meu primeiro valor sempre foi a **liberdade**. Um desejo forte de ter a minha vida, o meu espaço, de fazer o que achasse que deveria fazer. Foi por isso que, com 8 anos, comecei a poupar para ter um carro. O carro, para mim, era o maior símbolo de liberdade. Só muitos anos depois, quando fui estudar economia comportamental, é que entendi por que na adolescência eu tinha conseguido ficar tão focada num objetivo (comprar um carro) que nem poderia usufruir ainda. Eu saía com os amigos, claro, mas só bebia o que cabia no meu bolso, com a certeza de que, ao escolher um refrigerante em vez de uma caipirinha, eu estava mais perto dos meus sonhos mais selvagens e de um fígado mais saudável. Só consegui esse foco todo porque tinha um valor muito definido e, com base nesse valor, me impus uma meta, que batalhei muito para alcançar. Eu me divertia no presente, não deixava de sair com os amigos ou de comprar as coisas que eu queria muito, mas não sem perder de vista o meu sonho de longo prazo. Meu maior trunfo foi intuitivamente transformar tudo que eu queria em meta. Da viagem no final do ano à independência financeira. Cada uma no seu prazo e com uma carteira de investimentos específica.

O segundo valor mais importante para mim é a **segurança**. É fundamental, para mim, saber que as pessoas que amo estão seguras, que o carro que estou dirigindo é seguro, que o ambiente físico onde estou é seguro, à prova de incêndios, e que os meus investimentos estão em segurança. É por isso que fiz meu primeiro seguro de vida quando eu tinha apenas

18 anos. Eu queria ter a tranquilidade de saber que minha família estaria bem cuidada na minha ausência. Na época, o seguro custava 60 reais por mês e me parecia muito pouco perto do benefício de deixar 250 mil para os meus pais caso eu batesse as botas. Até hoje os seguros fazem parte das minhas despesas mensais, mas evoluíram para produtos que cuidam de mim viva também. Aliás, seguros podem ser os melhores amigos da vida financeira de um autônomo. Falaremos mais sobre isso adiante.

A terceira colocada na minha lista de valores é a **justiça**. Na minha concepção, justiça é garantir que todos tenham as mesmas oportunidades e penalidades. Foi por isso que criei uma plataforma de educação financeira com linguagem simplificada, capaz de democratizar um conhecimento que antes era acessível apenas a quem já tinha o privilégio da educação privada e de qualidade. Eu não tive acesso a isso, o que tornou meu caminho muito mais difícil, e me parecia justo compartilhar a minha maior riqueza (o conhecimento) com o maior número possível de pessoas.

Existe uma relação íntima entre nossos valores e o alcance das nossas metas. Essa é uma hipótese validada por milhares de alunos, além de mim mesma. Conectar a minha meta inicial (o carro) ao meu valor mais importante (a liberdade) garantiu que eu não desviasse do caminho até a realização do meu objetivo e persistisse mês após mês no caminho para a realização do que era essencial. Todos nós temos sonhos, como já vimos. Quando esses sonhos estão afinados com os nossos valores, fica mais simples e eficaz transformá-los em metas e chegar lá.

Agora é a sua vez de refletir sobre os seus valores.

reconhecimento
contribuição
gratidão coragem
honestidade amor
liberdade proteção
segurança família status
cuidado justiça

Tenho uma sugestão para tornar mais fácil esse exercício de entender os seus valores. Pense em uma situação na sua vida em que você se sentiu plena. Radiante. Tenho certeza de que, quando se sentiu assim, houve uma grande realização por trás, não é mesmo? Tente agora fazer a conexão entre o modo como você se sentiu e o valor que isso "acendeu" dentro de você.

Por exemplo: você entregou um trabalho na faculdade que os professores não paravam de elogiar e os colegas passaram a te olhar com muita admiração. A sensação era maravilhosa. Por que será? Talvez porque você seja movida a reconhecimento. Ou pode ter sido o momento em que sua filha nasceu e você sentiu aquela conexão imediata, o amor incondicional e a necessidade de protegê-la. Cada pessoa encontra essa sensação em lugares e momentos diferentes. Agora anote os seus valores aqui, do mais importante para o menos importante.

Pode ser que você já tenha feito esse exercício no meu primeiro livro, e nesse caso eu te convido a refletir: sua hierarquia de valores continua a mesma? Os valores não mudam, mas será que têm o mesmo peso de antes?

MEUS VALORES PESSOAIS

1. _____

2. _____

3. _____

4. _____

5. _____

"Pronto, Nath. O que eu faço com isso agora?"

Faça o seguinte: pegue o papel ou vá até a página em que você descreveu os seus sonhos e conecte-os com os seus três principais valores.

Se facilitar, faça o exercício em outra folha de papel e coloque todos os seus sonhos à esquerda e os seus três valores principais à direita. A ideia é conectar os seus sonhos mais selvagens a pelo menos um dos seus valores fundamentais. Você verá que alguns sonhos têm tudo a ver com os valores que você listou, e outros, nada a ver. Digamos que você tenha escrito "casa própria" como um grande sonho, mas tenha indicado que "liberdade" é o valor mais importante. Pensa comigo: casa própria tem a ver com liberdade? Não muito, né? Tem mais a ver com estabilidade, segurança, um porto seguro. Na minha opinião, casa própria é um sonho de quem preza a segurança e a família em primeiro lugar.

Talvez a casa própria ou o carro próprio fosse o sonho dos seus pais, dos seus amigos, uma convenção social que você nunca questionou, mas não um sonho *seu*. Avalie possíveis descompassos. Esse exercício faz muitas fichas caírem, fichas importantes. Conheci gente que se surpreendeu pagando financiamento de apartamento e empatando na casa própria o dinheiro que serviria para financiar o grande sonho de viajar pelo mundo. Pode isso?

Resumo: só deixe na sua lista de sonhos aqueles que fizerem sentido à luz dos seus valores. Se não fizerem, pare de perder seu tempo com eles e foque naqueles que deram um *match* instantâneo. Por exemplo, se casa própria foi o primeiro sonho que apareceu na sua lista e segurança é o seu valor fundamental, agora você sabe que está no caminho certo.

TUDO MUITO BONITO, você conhece seus valores, eles combinam com seus sonhos, e o que vem agora?

Vou dar algumas alternativas:

> a) Você se desespera porque ousou sonhar alto demais e agora não sabe o que fazer com tanto sonho pra tão pouco dinheiro.
> b) Fecha o livro e vai beber cerveja. Esse negócio de planejamento para autônomos não é para você.
> c) Continua lendo e fazendo os exercícios só para ver que bicho vai dar. Vai que funciona...

Se você ainda está aí, fico feliz. A chance de essa metodologia NÃO funcionar com quem foi beber cerveja e nunca mais voltou é de 100%.

Mas, se você respondeu A ou C, são grandes as chances de dar certo. Só que vou precisar da sua dedicação, porque sozinha eu não faço nada.

Agora é aquela hora em que você transforma seus sonhos em metas e começa a dar cheiro, forma, cor, números e prazos para elas.

"Mas sonho e meta não são a mesma coisa?"

Não, não são. Meta é a materialização do sonho, parte fundamental de um planejamento racional para que o sonho vire realidade.

Uma meta bem-feita e factível pode ser descrita pelo acrônimo SMART. Ele forma uma palavra que em inglês significa inteligente, esperto. E é mesmo. Não à toa, essa ferramenta foi criada por Peter Drucker, que é ninguém menos do que o papa da gestão empresarial moderna. O cara era genial, e bolou essa técnica para qualquer empresa (ou pessoa) poder avaliar se um objetivo é viável.

Vamos entender melhor o que essas letrinhas significam.

O "S" é de *specific*, específico. Você precisará traduzir da maneira mais *específica* possível qual é a sua meta. A ideia é que qualquer pessoa que escute ou leia sobre a sua meta não tenha dúvidas do que se trata. Eu sempre gosto de lembrar que verbo sozinho não é meta e por isso "empreender" é sonho, não meta. "Viajar" e "casar" seguem o mesmo raciocínio. Apenas verbos, sem especificar seu objetivo, são sonhos, não metas.

O "M" é de *measurable*, mensurável. Como essa meta pode ser medida ao longo do tempo? É importante haver uma forma de mensurá-la com clareza, porque talvez seja preciso repartir uma meta grande em partes menores.

A letra "A" é de *achievable*, atingível. Significa que a sua meta precisa ser ousada, mas factível com a sua realidade.

O "R" é de *relevant*, que é relevante, e indica que aquela meta precisa ser importante para você. Precisa fazer sentido, do contrário você não terá tesão para persegui-la. E você vai precisar de muito tesão para esse negócio dar certo. É por isso que a gente empregou tanto tempo descrevendo sonhos e valores e depois conectando essas duas pontas. Agora você já sabe o que realmente é relevante para você, não para os seus parentes.

Por fim vem o "T" de *time*, tempo: quando você pretende alcançar aquela meta. Quanto mais específico, melhor. Exemplo: novembro de 2034.

"Tá, diva da metona, e como é que eu faço tudo isso? Me dá um exemplo para ficar mais fácil, poxa."

É pra já! Achei que você não fosse pedir nunca.

No nosso caso aqui, vamos pegar o sonho número 2 dos brasileiros segundo o relatório Global Entrepreneurship Monitor (GEM) de 2022, preparado pelo Sebrae e pela Associação Nacional de Estudos em Empreendedorismo e Gestão de Pequenas Empresas (Anegepe). Sabe que sonho é esse? Empreender. Sim, 60% das pessoas que responderam à pesquisa disseram que esse é o maior sonho delas na vida! O número vem crescendo desde que o relatório começou a ser feito, há mais de 20 anos, e chegou ao seu maior resultado. (Aliás, em primeiro lugar nos sonhos dos brasileiros está viajar pelo Brasil, algo que fica um pouco mais fácil se você tiver sucesso com o seu empreendimento.)

Mas será que as pessoas que responderam que empreender é o seu sonho principal saberiam descrever de forma clara que negócio dos sonhos é esse? Será que elas saberiam colocar no papel a "fotografia" futura que tangibiliza a realização desse desejo?

Acredito que não.

Mas você vai saber, se é que já não sabe.

O exercício proposto é para as pessoas que ainda estão pensando em criar uma empresa, mas você pode preencher com a sua atividade de autônomo. Lembre-se: você é a sua empresa.

VAMOS COMEÇAR PELO S de *específico*.

O que a sua empresa oferece? Qual serviço ou produto ela entrega e como? Onde? Com que frequência? Quem paga a conta? Quem é o cliente? Por que ele precisa do que você tem a oferecer? É uma empresa on-line ou precisa de entrega presencial? Quantas pessoas trabalham nela? Quantos clientes ela atende? Quanto fatura? Como você divulga ou vai divulgar sua empresa?

Agora vamos ao M de *mensurável*. Como essa meta pode ser medida ao longo do tempo? Dá para ir acompanhando se você está progredindo nela? Qual ou quais números você estabeleceu como ponto de chegada?

Alcançável pode ser, por exemplo, conquistar um número x de clientes para o seu negócio em seis meses. Alcançar 1 milhão de reais de faturamento no primeiro trimestre não é uma meta atingível para o personal trainer que acabou de começar numa nova academia.

Relevante: precisa fazer sentido para você e também para algum número de pessoas. Você gosta da atividade principal da sua pequena empresa? O serviço ou produto que você oferece é importante para você? E para os seus clientes? Como seria o mundo sem o seu serviço? Ficaria mais chato? Mais lento? Menos saboroso? Menos seguro? Menos bonito? Mais triste? Pense nisso.

Por fim vem o T: em que intervalo de *tempo* você pretende alcançar os objetivos propostos? Não tenha medo de colocar a data exata. Isso vai te ajudar a focar na execução do plano.

"Quero ter 20 clientes" ou "Vou abrir uma loja física" não são metas porque são objetivos rasos e sem prazo. "No segundo semestre de 2024, quero ter 20 clientes que comprem regularmente os doces veganos que divulgarei nas minhas redes sociais com posts dia sim, dia não. Isso ajudará as pessoas a se alimentarem de forma mais saudável e protegerá a natureza, algo em que eu e muitas pessoas acreditamos." Isso, sim, é uma meta. Ficou clara a diferença agora?

Quer saber o segredo dos autônomos e autônomas que alcançam a maioria das suas metas?

Vou te contar. Eles transformam todos os seus sonhos em metas. Dos mais simples aos mais complexos. Da calça jeans da pessoa física à cadeira de dentista da pessoa jurídica, da casa quitada (caso isso seja importante para ele) à viagem internacional. É essa capacidade de converter tudo em meta que vai controlar aquele sistema sabotador no seu cérebro que fica te dizendo "Você merece aquela blusinha! Você trabalhou tanto essa semana!", ou seja, que te oferece uma recompensa imediata e te afasta dos grandes sonhos da sua vida.

Com tempo e prática, você vai virar outra pessoa! Vai entrar no shopping, olhar aquela capinha de celular e pensar: "Essa capinha é uma meta?" (Resposta: não.) "Quanto ela vai me distanciar da minha meta real, que é comprar um celular novo porque o antigo não funciona tão bem e meu celular é essencial para o meu trabalho?" Eu mesma sou uma rainha das metas, e há muito tempo. Quando eu estava reformando o primeiro apartamento que comprei, com 20 e poucos anos, virou meme da família a minha conta mental para descobrir quantos metros de piso eu compraria com o valor daquela bota linda da vitrine do shopping. 😉

(Não estou dizendo que você não deva comprar a bota. Só estou dizendo que vale a pena refletir se a bota é uma meta ou não. E, se for, programar-se para comprá-la, sem abrir mão da grana mensal para uma meta maior.)

O próximo passo é o seguinte: sabe aqueles sonhos que você listou antes? A essa altura, você já os comparou com a sua hierarquia de valores, certo? Pois pegue os sonhos que "sobreviveram" e faça o exercício SMART para cada um deles, transformando-os em metas. Use como critério o tempo para que as metas se tornem realidade: M1 são as metinhazinhas, aquelas que você vai realizar em até dois meses; M2 são as metinhas, que estarão resolvidas entre dois e seis meses; M3 são as metas, para seis meses a um ano; e assim por diante.

Experimente também preencher as lacunas desta frase aqui, que eu chamo de frase validadora de metas. Se você conseguir preencher todas as lacunas, parabéns! Você tem uma meta de verdade!

> **Eu preciso de [x dinheiro] até [defina seu prazo] para [o que você vai com esse dinheiro] porque [a importância do que você quer fazer].**

Um exemplo:

> **Eu preciso de** _16.250 reais_ **nos** _próximos 10 meses_ **para** _fazer um curso no Canadá_ **porque** _isso vai melhorar meu inglês e abrir portas no mercado de trabalho._

Mais recentemente eu acrescentei a essa frase um adendo de extrema importância, pois estimula o padrão mental da disciplina poupadora. Basta incluir "e para isso..." no final.

Continuando com o mesmo exemplo, ficaria assim:

> **Eu preciso de** _16.250 reais_ **nos** _próximos 10 meses_ **para** _fazer um curso no Canadá_ **porque** _isso vai melhorar meu inglês e abrir portas no mercado de trabalho_**, e para isso** _vou vender mais 10 planos de saúde por semana e investir todo o dinheiro da comissão._

Veja que, em vez de apenas afirmar "vou investir no mínimo 1.625 reais" (que daria o total de 16.250 até a data de conclusão da meta), eu já complementei a frase validadora com o que preciso fazer para chegar aos 1.625 reais investidos todos os meses.

Essa, aliás, é uma excelente maneira de criar as metas para a sua pequena empresa. A pessoa física que habita a sua pessoa empreendedora tem fome de viagens, casa própria, independência financeira... Então permita que ela dite as ambições da pessoa jurídica. No exemplo que vimos, a corretora autônoma de seguros entendeu que vendendo essa quantidade de planos de saúde a mais todos os meses chegaria ao objetivo. Mas poderia ser "conquistar 10 novos clientes de manicure esse mês" ou "aumentar o valor da minha consulta em 50 reais para todos os pacientes".

"Calma, para tudo! É impressão minha ou você acabou de criar uma conexão entre a pessoa que sonha e a profissional que executa?"

Não, não é impressão sua. É exatamente essa conexão que eu acabei de fazer. Mas antes de sair por aí vendendo seguros e pegando o dinheiro para a pessoa física, não esqueça que você tem um pró-labore e que essa grana "extra" só se tornará realidade nas mãos da pessoa física se a pessoa jurídica estiver com todas as contas pagas em dia, inclusive o seu salário, e ainda tiver reserva de emergência garantida para no mínimo seis meses. Falarei sobre a reserva de emergência do autônomo adiante.

A maioria das pessoas tem mais metinhazinhas do que metonas, o que é natural. Comprar um celular ou fazer luzes no cabelo são situações mais cotidianas do que alcançar a independência financeira, por exemplo. Mas organizando os seus objetivos dessa maneira você conseguirá poupar um pouco para cada meta, independentemente do tamanho dela, tudo ao mesmo tempo. E cada vez que a gente cumpre uma metinha, olha, dá um calorzinho bom no sovaco que só provando pra apreciar, viu? O que não pode é buscar recompensa todo dia, porque aí nunca vai sobrar dinheiro para as recompensas de longo prazo, as metazonas da planilha.

Agora que você está Ph.D. em sonhos, metas e valores, vai ser mais fácil repetir o exercício, mas desta vez com a sua pequena empresa.

Aproveite o exemplo do quadro a seguir para reforçar os seus valores e metas pessoais e crie ao lado os valores e metas da empresa.

Se você é a única pessoa trabalhando para sua empresa, minha sugestão é que os valores da sua pessoa jurídica sigam os valores da sua pessoa física, mas não se restrinjam a ela. Como assim? Um profissional que atua na área de turismo pode ter "liberdade" como valor principal na pessoa física e "confiança" como valor principal na pessoa jurídica, já que ele entende que, para prover a liberdade da pessoa física, o serviço da pessoa jurídica precisa ter credibilidade e seriedade.

Aqui na minha empresa, nosso valor principal é responsabilidade, porque sabemos que precisamos assumir a responsabilidade pelas nossas entregas, atitudes e escolhas para alcançar o propósito maior de desfuder a nação.

Outros valores que nos norteiam são simplicidade, impacto e diversidade.

Agora é a sua vez.

Você	**A empresa**
Valores pessoais	Valores da empresa
Seus sonhos e metas	Visão do futuro da sua empresa

Você já aprendeu a detalhar toda a vida financeira da sua pessoa física e da sua pessoa jurídica e, nesse processo, entendeu que o seu "eu pessoal" é um custo do seu "eu jurídico". Se você está seguindo o passo a passo proposto, também já tem em mente o valor mensal que receberá de salário. Além disso, aprendeu a listar seus valores e os conectou às suas metas. O próximo passo é criar uma ponte entre o presente (sua situação atual) e o futuro projetado (a situação desejada). Particularmente, esse é o meu momento favorito. É aqui que a "magia" acontece.

"Nossa, Nath, sabia que tinha alguma mágica, porque só com a realidade ia ser impossível fazer isso dar certo kkk."

Se você pensou algo parecido, tire seu burro investidor da sombra.

Para a tal da magia acontecer, você vai precisar agir como um mágico e entender como o truque é feito, treinar muito e fazer a mágica com as próprias mãos. É por isso que eu compartilho a seguir a estratégia que vai tornar as suas metas viáveis.

Se a gente pudesse fotografar a sua mente nesse momento, provavelmente surgiria uma imagem parecida com esta:

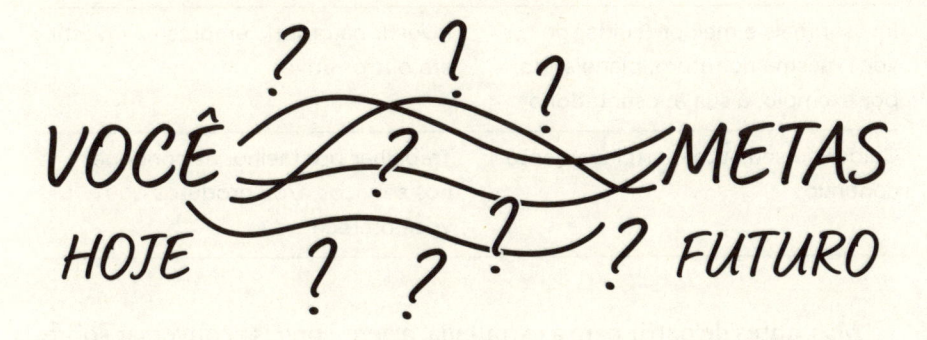

VOCÊ ??? METAS
HOJE ???? FUTURO

Se você está se perguntando como sair da vida que tem hoje e chegar a essas metas sem se endividar até o último fio de cabelo, relaxe! Essa é uma pergunta comum entre os meus alunos, e o que eu posso te garantir é: você não vai precisar se endividar, a não ser que esta seja a melhor alternativa, financeiramente falando.

A estratégia que eu criei e que hoje está nas mãos de centenas de milhares de alunos e alunas pode ser traduzida de forma simples em quatro etapas:

1. Consumir de forma mais inteligente, fazendo mais com menos
2. Ganhar mais

3. Investir mais e melhor
4. Aperfeiçoar-se o tempo todo

Falaremos sobre cada etapa com profundidade nos próximos capítulos, mas por enquanto o que você precisa saber é que cada uma das etapas precisa ser seguida tanto por Ruth quanto por Raquel. Ou seja: a sua pessoa física e a sua pessoa jurídica.

Você (Ruth)	A empresa (Raquel)
Consumir de forma inteligente	Gastar apenas com o essencial (dívidas entram aqui)
Ganhar mais (com a empresa, de preferência)	Ganhar mais em menos tempo
Investir mais e melhor (cuidar de você mesma no futuro, planejando, por exemplo, a sua aposentadoria)	Investir na própria empresa / investir em outros ativos
Cuidar do seu autoaperfeiçoamento contínuo	Trabalhar por melhorias contínuas nos serviços e/ou produtos que você oferece

Mas, antes de partir para a estratégia, a gente precisa conversar sobre uma coisa muito, muito séria: a sua reserva de emergência. Respiiiira e vamos.

CAPÍTULO 6
Como deve ser a sua reserva de emergência

Me conta uma coisa. Naquelas metas que você listou no capítulo anterior, por acaso tinha alguma chamada reserva de emergência?

Não? (Leia esse "não" tentando visualizar a face da autora transfigurada como a de quem viu uma assombração.)

Pois então volte lá na sua lista de metas e inclua essa, e não para o futuro distante, não. Melhor se for metinha, algo para resolver em dois a seis meses, no máximo um ano. Nem começa a pensar que não dá. Eu sei que você tem um monte de coisas para vender em grupos e sites de desapego e fazer renda extra, e sei também que dá para chegar nessa meta mais depressa do que imagina. Mas, claro, vai exigir esforço – e nós sabemos que você é capaz, só prefere deixar na gaveta às vezes. Olha que fofa esta autora.

Que livro democrático, esse!, você pode estar pensando ironicamente (eu e minha bola de cristal, mais uma vez). *Olha que legal, a Nath agora quer impor metas para a minha vida.*

Pode, produção? Posso e devo. Ter uma reserva de emergência é uma questão de sobrevivência. Se alguma coisa der errado (e, pode acreditar, muita coisa dá errado quando a gente resolve ser autochefe), você tem uma boia de salvação.

É possível que você até já tenha uma reserva e fez uso dela quando surgiu um imprevisto. Nesse caso, vai ter que refazê-la – não importa se você já é autônomo(a) ou se ainda está se preparando para isso. A Mellina, por exemplo – que foi minha melhor aluna da Jornada da Desfudência 7 –, usou sua reserva para o nascimento do filho. Hoje ela não é autônoma, mas está trabalhando para ser. E o mais legal é que ela está construindo essa reserva fazendo uma das coisas que mais ama na vida: cantar.

Moro no interior do estado e trabalho como professora de educação infantil contratada pelo município, mas o que eu quero mesmo é ser cantora. Hoje esse sonho está me ajudando a reconstruir a minha reserva de emergência, que eu precisei usar para uma causa muito importante.

O nascimento do meu filho, Augusto, que hoje tem 1 ano.

Eu costumo dizer que só se nasce uma vez, e queria que o nascimento do Augusto fosse especial para ele e para mim. Meu marido e eu tínhamos o desejo de que fosse um parto humanizado, algo que, na minha cidade, só se faz na rede de saúde particular. E custava 12 mil reais. Minha reserva foi inteira embora (precisei até fazer um pequeno empréstimo) para custear essa experiência. Valeu cada centavo. Pensei assim: *Eu tenho braços, pernas e uma cabeça sobre o pescoço. Vou reconstruir a reserva, e vou fazer isso correndo atrás do meu sonho de cantar profissionalmente.*

Quando meu filho era recém-nascido, eu tive a oportunidade de participar de uma masterclass com a Carmen Monarcha, uma soprano maravilhosa que acompanhou por muitos anos a orquestra do maestro André Rieu na Europa. A Carmen é brasileira e casada com um médico da minha cidade. Ou seja, não precisei nem viajar para a masterclass: ela veio dar a aula aqui!

Eu comecei no gospel, fui para a música erudita e hoje canto MPB. Até aprecio o erudito, mas é um caminho mais longo. Quando me ouviu pela primeira vez, a Carmen me disse que minha voz era muito intrigante e natural e que para MPB ela não mudaria nada em mim: que, se soubesse que eu iria me apresentar num bar, sairia naquele mesmo instante para me assistir!

> Então eu tive a ideia de fazer renda extra para repor a reserva... cantando! Criei meu Instagram e logo veio o primeiro convite para me apresentar em um teatro. Quando o empresário que entrou em contato comigo, Renato Gagliardi, ele próprio um artista, perguntou meu preço, eu pensei na Carmen, me enchi de coragem e falei: 200 reais por música. Sei da qualidade da minha voz e sei também que levo para as pessoas um acalanto, uma nostalgia, sentimentos agradáveis. Isso tem um preço.
>
> O Renato topou sem questionar. Fiquei até pensando quanto mais eu poderia ter pedido... [Risos.]
>
> Nas minhas tentativas anteriores de ganhar dinheiro com a minha voz, 200 reais era o que me pagavam por uma apresentação de três horas num bar! Hoje é o que recebo por música. É assim que estou refazendo minha reserva. Tenho me apresentado em teatros, para plateias que esperam intensidade e uma performance intimista. E tenho um plano: quando eu tiver a minha reserva de emergência integral, vou me dedicar somente à música.
>
> **Mellina Ventura**, 32 anos, professora e cantora em Marília (SP)

Se é verdade que todo mundo precisa de uma reserva de emergência, para o autônomo essa afirmação é ainda mais urgente, porque não é uma questão de "se" – é uma questão de "quando". Imprevistos, por mais paradoxal que isso possa parecer (nossa, tô falando bonito), são bastante previsíveis. Afinal, se você tem clientes hoje, amanhã pode não ter. Se você tem uma casa que não dá problemas de manutenção hoje, amanhã ela pode precisar de um reparo urgente. Se seus filhos estão com saúde hoje, amanhã eles podem precisar de remédio ou algum tipo de cuidado especial que não estava no orçamento. E assim por diante.

A reserva de emergência oferece tranquilidade para os grandes saltos que a gente espera dar na vida. Foi assim comigo e será assim com a Mellina, uma mulher determinada que tem um *roadmap* do próprio futuro escrito à mão e pregado na parede de casa. Acima de tudo, a reserva nos poupa de grandes frustrações e daquela sensação de nadar, nadar e morrer na praia, como se o nosso dinheiro estivesse dentro de um saco furado.

Atenção para a frase de efeito:

A reserva de emergência é a rolha da sua vida financeira.

"Nossa, amei o conceito. Pena que eu não consigo dinheiro nem para o presente, que dirá para essa rolha de reserva... Minha vida tá mais para um espumante fermentado, que expulsa a rolha o tempo todo."

É legítima a sua frustração. Mas eu peço que você continue lendo este livro pelo menos até conhecer todas as etapas do meu método para ser chefe de si. Só para relembrar, o meu método consiste em três pilares e quatro etapas:

- Pilar nº 1: Desvendar o presente
- Pilar nº 2: Desenhar o futuro
- Pilar nº 3: Traçar a estratégia (gastar de forma mais inteligente, ganhar mais, investir mais e melhor e nunca parar de se aperfeiçoar)

Agora que já desvendamos o seu presente (Pilar nº 1) e desenhamos o seu futuro (Pilar nº 2), vamos para o Pilar nº 3: traçar a estratégia que vai te fazer chegar lá.

Imagine a reserva de emergência como uma parte muito importante do seu kit de sobrevivência, uma espécie de bote salva-vidas. Ela é fundamental.

Acontece que para construir o seu bote você precisará aprender a ganhar mais, gastar de forma mais consciente e investir como um adulto.

O seu futuro financeiro só vai ser melhor quando você tiver controle sobre ele.

É no controle que mora a nossa liberdade.

(Você já me ouviu dizer isso antes, né? É uma das minhas frases preferidas da vida).

E como é que você tem controle sobre o futuro? Fazendo uma reserva de emergência! Aquele dinheirinho guardado que vai te salvar se o cliente, no final do dia, não assinar o contrato; se só metade dos fregueses habituais encomendar as suas marmitas; se dois alunos desistirem de treinar com você no mesmo mês; se o carro que você usa para trabalhar como motorista de aplicativo quebrar. O dinheiro da reserva de emergência fica rendendo, investido numa aplicação fácil de resgatar, com liquidez imediata. Porém, apesar dessa facilidade, deve ser intocável. Você vai recorrer a ele apenas em caso de emergência.

Mas o que é emergência? Emergência é tudo aquilo que nos pega desprevenidos. Que não conseguimos prever nem planejar. Não é a viagem de fim de semana que apareceu na última hora e não estava nas metas. Definitivamente, não é aquela bolsa maravilhosa que ficou olhando pra você na vitrine do shopping. Se você ceder a essas tentações sem ter se preparado, estará caindo na armadilha da recompensa imediata que te distanciará das recompensas de longo prazo. Emergência é outra coisa.

Imagine que o seu computador apagou. Sem computador, você não acessa os dados dos clientes, não organiza as vendas, não cumpre entregas. Isso, sim, é uma emergência. Imagine a pandemia, quando muita gente perdeu TODOS OS CLIENTES de um dia para outro. Isso tudo é emergência real. Em uma hora como essas, você:

1. Chora de desespero.
2. Entra no cheque especial, compra um computador novo e paga o preço de dois computadores por causa dos juros extorsivos.
3. Passa no cartão, rezando para fechar um cliente maior no mês que vem e assim conseguir quitar a fatura.
4. Usa a reserva de emergência e compra um computador novo, sem que isso produza uma única ruguinha de preocupação.

Até ler este livro, é bem possível que você só conhecesse as alternativas

1, 2 e 3. Mas agora que você está aqui, banhando-se na luz do conhecimento, vou te ensinar a montar a sua reserva de emergência.

Abro parênteses para te contar que pode haver emergências boas, também chamadas de oportunidades. Por exemplo, você é personal trainer e o papa do treinamento funcional virá ao Brasil dar uma palestra na sua cidade. Você sabe que se puder assistir à conferência presencial vai obter informações importantes para a sua carreira, fazer muito networking e enfeitar seu currículo. Eu considero isso uma emergência *positiva* e recomendo que o fundo de reserva esteja aí pra isso também. Só tenho uma ressalva. Nas emergências positivas, nunca utilize mais que 30% do que tiver investido. Não raspe o tacho. Se tem uma coisa que é garantida nesta vida, além da morte, é que imprevistos acontecem. E podem acontecer logo depois da emergência positiva.

A reserva de emergência traz uma sensação de segurança que muda a vida do autônomo. Você sabe que, quando algo não sair como previsto, você conseguirá ficar bem.

Quer mais um motivo para colocar 100% da sua energia dos próximos meses na reserva de emergência?

Sua inteligência e sua capacidade de tomar decisões financeiras acertadas são prejudicadas quando você está em situação de escassez.

Esse foi o resultado da pesquisa desenvolvida por dois estudiosos da economia comportamental. Eldar Shafir, da Universidade Princeton, e Sendhil Mullainathan, de Harvard, expuseram suas descobertas no livro *Escassez: Uma nova forma de pensar a falta de recursos na vida das pessoas e nas organizações*. Eles apresentam nesse estudo o termo "banda larga mental", que se refere aos limites da nossa capacidade intelectual.

Imagine que a sua capacidade de raciocinar e tomar decisões é como o seu celular, que provavelmente neste momento tem várias abas e aplicativos rodando em segundo plano. Com o tempo, isso reduz a velocidade de processamento. Pode fazer até a internet ficar lenta e seus vídeos demorarem mais tempo para carregar ou travarem no meio.

Segundo os pesquisadores, é isso que acontece com a mente de quem vive no sufoco. A sua capacidade de tomar decisões e "rodar os aplicativos" que te fariam pensar em soluções para ganhar mais, investir melhor e consumir com mais inteligência fica prejudicada. Aí aumenta o risco de você fazer mais estragos, como pegar dinheiro emprestado com agiota ou recorrer ao cheque especial, cujos juros empobrecem qualquer ser humano.

É como se, na tentativa de apagar um incêndio, você pegasse o primeiro balde que estivesse pela frente, sem perceber que está cheio de gasolina.

Eldar e Sendhil conseguiram provar que pessoas em situação de escassez não permanecem pobres porque não se esforçam o suficiente, mas porque sua capacidade de tomar decisões é afetada pelo instinto de sobrevivência no agora. A banda larga mental é consumida pela necessidade de pagar as contas hoje e, dessa forma, não se poupa para o amanhã, criando assim um círculo vicioso.

O antídoto? Segurar as pontas do instinto pelos próximos meses e a partir de agora fazer o maior esforço possível para mandar dinheiro para a reserva de emergência. Quanto antes ela estiver pronta, menos você precisará ocupar banda de pensamento com o modo sobrevivência, liberando sua capacidade de pensar em outras formas de ganhar, gastar e investir.

"Ok, e como é que eu calculo a minha reserva de emergência de autônomo, Nath?"

Se você já leu meus livros anteriores, sabe que a minha recomendação básica pra quem tem salário é juntar o equivalente a seis meses do seu custo de vida. Se a pessoa "custa" 3 mil reais por mês, a reserva precisa ser de no mínimo 18 mil investidos no Tesouro Direto, em CDBs que rendam no mínimo 100% do CDI ou em outro investimento com liquidez, bom grau de segurança e rentabilidade digna (poupança não, pelo amor de Deus!).

A reserva de emergência do autônomo é diferente. Você precisará pensar como dono de empresa que hoje tem pelo menos um funcionário ou funcionária: você. É outro nível. Lembre-se de que o autônomo precisa ter o suficiente para cobrir os gastos da pessoa jurídica *e da pessoa física que está contratada pela pessoa jurídica*. Então... (PRESTA MUITA ATENÇÃO AGORA)

> **O ideal é que a sua reserva de emergência de autônomo seja equivalente a no mínimo seis vezes o custo da sua pessoa jurídica, em que a sua pessoa física entra como custo.**

Pare um pouquinho aqui. Releia essa frase devagar, absorvendo cada palavra. Quando falamos em pró-labore, lá atrás, definimos que você, pessoa física, vive do salário que a sua pessoa jurídica te paga, certo? E a pessoa jurídica ainda tem outras despesas além do seu pró-labore, confere? Então o ideal é que a reserva de emergência seja de no mínimo seis vezes o total de despesas mensais da PJ.

Está entendendo por que eu insisti tanto em fazer você montar a sua planilha de custos? Sabendo quanto gastam as suas duas pessoas (física e jurídica), fica muito simples calcular o total da sua reserva de emergência, não é? Quanto mais "cara(o)" você for, maior terá que ser a sua reserva. Sendo que você sempre pode voltar à sua planilha de custos e reduzir alguma despesa. Recomendo fazer isso agora e rever de tempos em tempos.

CAPÍTULO 7
A estratégia – Parte 1: Gastar de forma mais inteligente

Era uma vez um autônomo chamado Antônio. Antônio vivia se queixando de que o dinheiro nunca dava pra nada e que ele só trabalhava para pagar boletos. Pior: a cada mês surgiam surpresinhas desagradáveis que obrigavam Antônio a fazer dívidas no cartão de crédito, seu único "aliado". Todo mês era a mesma coisa.

Até que, um belo dia, Antônio descobriu que não teria como pagar a fatura inteira. Ele decidiu, então, pagar o mínimo do cartão, o que significa que mais tarde teria que arcar com juros exorbitantes. No mês seguinte, Antônio já não tinha mais como pagar a fatura. Antes que a situação piorasse ainda mais, ele comprou este livro.

Este capítulo é dedicado a todos os Antônios, Marias e Joanas que estão em situação semelhante.

AGORA QUE VOCÊ já sabe tudo sobre receitas e despesas e entendeu o que é ativo e passivo; que já está se preparando para o divórcio bancário entre Ruth e Raquel (cada uma com a sua conta); que já entendeu a importância de ter uma reserva de emergência para a pessoa jurídica que sustenta a sua pessoa física (palmas para você, porque eu sei o tamanho desse passo!); que já está sentindo o poder sobre o dinheiro chegando nas suas mãos e que já traçou metas audaciosas...

Agora que tudo isso está resolvido...

É hora de passar às quatro etapas da **estratégia** que turbinou não apenas o meu negócio, mas o de milhares de jornadeiros que fizeram meus cursos e acreditaram no meu método.

Vamos recapitular, porque é muito importante que você fixe estes princípios. As quatro etapas, que mencionei lá na Apresentação e agora explicarei em detalhes para que você possa começar a adotar imediatamente na sua vida, são as seguintes:

1. Gastar de forma mais inteligente
2. Ganhar mais
3. Investir mais e melhor
4. Nunca parar de se aperfeiçoar

Vamos começar dissecando a primeira etapa:
Gastar de forma mais inteligente.

Eu sei que lá no fundo você sabe que tem gastos desnecessários e que poderia ter muito mais dinheiro sobrando. Mas por que será que não sobra? Que força é essa que te impede de gastar menos?

A "culpa" é de uma pecinha... e a pecinha, no caso, é você. Mais especificamente, o seu cérebro e todos os padrões de comportamento que foram enraizados nele desde que o mundo é mundo e desde que você aprendeu (ou não) o que fazer com dinheiro.

Para gastar de forma mais inteligente e fazer sobrar dinheiro, apresento a você uma fórmula que, caso seja seguida, garante um presente de vida plena e um futuro cada vez mais próspero. Você já ouviu falar da proporção 70/30? Eu diria que é um dos pilares do Método Nathalia Arcuri de Enriquecimento Lícito. Consiste em pegar tudo que você ganha e dividir em duas partes desiguais: 70% vão para você de hoje, 30% destinam-se a você no futuro.

"Espera aí, Nath! De quem estamos falando? Da pessoa física ou da jurídica?"

Boa pergunta! Sinal de que você está prestando muita atenção. Essa é a proporção que eu recomendo para a *pessoa física*. Sabe o seu pró-labore, aquele salário que a sua empresa paga para você todos os meses?

Pois é daí que você vai tirar os 30% para deixar de presente para você mesma amanhã. Lembra que você categorizou suas metas em metinhazinhas, metinhas, metas, metonas e metazonas, cada tipo com um prazo diferente? Esses 30% vão alimentar as suas metas.

Meu conselho é que você mande mais dinheiro para as metas mais próximas (metinhazinhas e metinhas) e menos para as mais distantes, como a aposentadoria.

Para cada tipo e prazo de meta existem investimentos mais indicados e outros menos favoráveis. Recomendo fortemente que você se abasteça de informação sobre onde investir o seu dinheiro com os conteúdos, cursos e aplicativo Me Poupe!.

"Mas Nathalia, mulher, pelo amor dos Juros Compostos, não tem como eu viver com 70% do que eu ganho. Como é que eu vou fazer isso?"

Eu sei que dá até um aperto no peito. Mas por enquanto concentre-se apenas no conceito dos 70/30. Já, já eu vou te falar mais sobre as outras três etapas da estratégia e você vai entender que só será possível destinar essa grana para o futuro se você economizar de modo inteligente e ganhar mais.

Falando em economizar, algo que ajuda muito a manter o controle é aplicar a regra maravilhosa de gastar tudo que você tem pra gastar.

"Oi? Eu li direito? Eu vou gastar tudo que eu tenho? Será que deu pane no sistema da autora?"

Calma, eu não surtei. Ainda não.

O método que eu criei – que pode ser visto na prática nos reality shows de transformação financeira da Me Poupe!, disponíveis no YouTube – consiste em criar limites de orçamento por categorias antes que se comece a usar o dinheiro.

Vamos começar pelos gastos essenciais da sua pessoa física. Todas essas despesas devem somar no máximo 55% do que você recebe.

Pausa para você pensar o que considera essencial. Essa categoria não inclui apenas o que vem à nossa mente de imediato quando pensamos em despesas básicas: alimentação, aluguel, contas de água e luz, por exemplo. Algumas coisas podem ser essenciais para mim, mas não para você. Pode ser que fazer as unhas no salão entre na sua lista. Ou tomar uma cerveja todo sábado à tarde com os amigos. Se você não vive sem essas coisas – quer dizer, até vive, mas a vida perde um pouco a graça –, são despesas essenciais e precisam estar dentro dos 55%. Ou seja: se seu pró-labore é de 2 mil reais, 30% disso (600 reais) já estão comprometidos com as suas metas e 1.100 (55%) serão destinados a tudo que é essencial na sua vida.

E é aqui que está a fechadura gigante onde gira a nova chave da sua cabeça.

Quando você entende que o essencial é "estar com os amigos" em vez de "tomar cerveja no bar", coisas incríveis acontecem. Como o fato de que, num passe de mágica, gastos que antes atolavam o seu cartão de crédito (como aquela comprinha que não estava na lista do mercado, a blusinha que você viu na vitrine e não era metinha) desaparecem.

"Mas, Nath... peraí! Foram 30% para as minhas metas de curtíssimo a longo prazo. Já até criei a meta de ir no parque de diversões com meu filho daqui a dois meses, obrigada. Também já entendi que 55% vão para o que é essencial. Mas faltam 15% para dar 100%. Tô doida ou a conta ainda não fechou?"

Olha, vocês não cansam de me encher de orgulho. Que percepção!

Os 15% que faltam serão distribuídos da seguinte maneira:

Cinco por cento vão para a educação continuada. Esse é o fermento da riqueza. Você vai usar essa grana para fazer um curso de capacitação na sua área ou em outra em que gostaria de se desenvolver, para comprar livros (que você vai ler e não deixar na estante enriquecendo a prateleira), para pagar uma parcela daquela palestra que você quer muito assistir, para assinar serviços como o Me Poupe!+, que reúne todos os cursos de finanças e aperfeiçoamento pessoal em uma única plataforma. Eu gosto de chamar esses 5% de fermento da vida financeira porque bastam para turbinar a sua carreira. Isso vale para todos os tipos de profissionais, mas, no caso de autônomos, para ganhar mais você vai precisar aprender a vender melhor, daí a necessidade de se capacitar em técnicas de vendas, marketing, gestão e escala.

E os 10% que faltam... Alguma sugestão do que fazer com essa grana?

Ora bolas, depois de cumprir todas essas etapas com louvor, você merece um prêmio. Os 10% são exatamente isso. O prêmio merecido de quem se esforçou tanto para fazer a vida se encaixar nos 70/30. É o dinheiro que você pode gastar com o que quiser. Pode inclusive usá-lo para aumentar a parcela de gastos essenciais para 65%. A escolha é sua.

No caso do exemplo dado há pouco, isso significa que se seu pró-labore for de 2 mil reais, você terá 1.300 (65%) para seus gastos no presente, 100 (5%) para sua educação e 600 (30%) para as metas.

Isso é planejamento de gente grande.

"Nossa, mas ainda é pouco! Eu preciso de muito mais do que isso."

Antes de abandonar o barco, faça a seguinte reflexão: será que a sua vida está realmente cabendo no seu dinheiro? Será que seu passo não está muito maior do que as suas pernas autônomas são capazes de dar?

Será que essa sensação de que é muito pouco vem de uma falta de limites que você nunca se deu, apesar de precisar?

Eu te disse que cuidar do dinheiro exige foco, força, fé e muitas vezes um FODA-SE para os nossos velhos e imaturos hábitos. Sei que não é exatamente o que você gostaria de ler, mas o meu papel é te mostrar o caminho, não passar a mão na sua cabeça e dizer que vai ficar tudo bem se você continuar agindo do mesmo jeito.

Como teria dito o saudoso Albert Einstein, "insanidade é continuar fazendo as mesmas coisas e esperar resultados diferentes".

AGORA QUE VOCÊ entendeu que não pode mais manter os mesmos hábitos, vou te ajudar a modificá-los, começando por um delicioso exercício em cinco passos.

1. Escreva a seguir, da forma mais sincera possível, o que é essencial para você: amor, viagens de fim de semana, sua beleza, estar com a família, se divertir, jogar bola, etc.

_____

_____

_____

Excelente.

2. Próximo passo: vá até a sua planilha de gastos e passe um pente-fino apontando quais gastos dos últimos três meses foram dedicados ao que, segundo você, é essencial.

P.S.: Se você esqueceu de colocar na lista de itens essenciais é porque não é importante. Nem inventa de botar na última hora.

A ideia deste exercício é fazer você refletir sobre o uso do seu recurso mais importante: o tempo utilizado para ganhar o dinheiro aplicado em objetos, experiências, contas, etc.

3. Agora pinte a linha da planilha ou grife de vermelho todos os gastos não essenciais. Em seguida, calcule quanto você tem gastado com eles. Vai ser importante para dar a ordem de grandeza do desperdício.

4. Agora pinte de amarelo tudo que for essencial mas que pode ser reduzido.

5. Por fim, pinte de verde tudo que for essencial mas que você não pode diminuir porque já chegou no limite.

Esse exercício muda vidas.

AGORA VAMOS CONVERSAR sobre aqueles 30% que você, pessoa física de hoje, está deixando para a pessoa física de amanhã. Eu chamo esse dinheiro de boleto que você deixa para si mesmo. A gente já paga tanto boleto, não é mesmo? Então por que não criar mais um para a pessoa que você será no futuro? Olha o que eu recomendo que você faça com esse dinheiro:

- Guarde **10%** para a sua aposentadoria. Quem me segue há tempos já entendeu que a previdência pública não vai dar conta de assegurar um padrão de vida digno a ninguém – é só olhar a pirâmide demográfica brasileira, que hoje está mais para retângulo do que para pirâmide. Não tá entendendo nada desse papo de geometria? Pois guarde apenas isto aqui: se você conta com o governo para viver feliz e tranquila na praia quando parar de trabalhar, pode tirar o seu pangaré da chuva. Melhor garantir a sua própria aposentadoria com bons investimentos. O seu eu de amanhã agradece!

- Os **20%** restantes você vai direcionar para o cumprimento das metinhas, metas e metonas, **desconsiderando a reserva de emergência da sua empresa**. Lembre-se do seguinte: ter caixa para permitir que a empresa opere por no mínimo seis meses (inclusive pagando o seu pró-labore) mesmo sem entrar nenhum dinheiro novo é uma responsabilidade da empresa, portanto a pessoa física não precisa se preocupar com a reserva desde que o plano esteja sendo seguido pela pessoa jurídica.

Cabe tudo nos 55%? Difícil, né? Pela minha experiência, 99% das pessoas estão vivendo muito acima do que a renda delas permite. Com isso, se endividam, entram num ciclo de angústia, ficam com nome sujo.

Estou aqui para te ajudar a consertar isso. E para isso apresentarei no próximo capítulo a sensacional, incrível, espetacular e eficiente **técnica dos envelopes**. Com ela você vai ficar muito mais perto de conseguir pôr em prática a regra dos 70/30.

CAPÍTULO 8
Gastando menos na prática: os cases Joaquina e Gilson

A técnica dos envelopes é muito simples, embora não seja nada fácil. Ela vai botar ordem na sua vida financeira *pessoal*, e sabe por que estou convidando você a fazer isso neste livro para autônomos? Porque, como eu te expliquei no Capítulo 3, o seu pró-labore corresponde ao menor valor recebido nos últimos 12 meses ou ao menor custo de vida possível, lembra? Então, se você está vivendo fora dos 70/30, terá que adaptar o seu estilo de vida ao pró-labore que definiu lá atrás.

Para fazer esse milagre, você precisará de um punhado de envelopes ou, na falta deles, de quadradinhos de papel. Pegue também clipes, uma caneta de ponta grossa e lenços de papel para chorar (de novo) ou, espero, para dar adeus àquela vida bandida em que você não tinha ideia de como ia chegar no fim do mês (adoro um drama).

Você também vai precisar de dinheiro em espécie. Nesse primeiro momento, de familiarização com a técnica, a concretude das cédulas vai te ajudar a entender o tamanho da encrenca e a se organizar. Vários estudos já mostraram que usar dinheiro vivo aumenta a nossa percepção do valor e a nossa dor na hora de gastar. Quer a prova? Saia com uma nota de 100 reais na carteira e aposto que você vai pensar duas vezes antes de comprar um refrigerante de 5 reais. Depois saia com uma nota de 5 e me diga se não foi muito mais fácil trocar a nota pelo refri. Isso acontece devido a um mecanismo natural a todos nós: a aversão à perda. Por mais legal e gostoso que seja comprar, dentro de nós existe um ser humano primitivo que, apesar de não viver mais na caverna, sente quando uma ameaça se aproxima para tomar o que é nosso. Segundo dissertação apresentada à Universidade Carnegie Mellon pelo pesquisador Ofer Zellermayer, ao usarmos dinheiro vivo aumentamos o nosso sistema de alerta e caímos menos na cilada da compra por impulso.

Vamos pegar o exemplo de Joaquina, que trabalha como representante comercial autônoma. Revisando os extratos dos últimos 12 meses, ela concluiu que seu pró-labore deveria ser de 1.000 reais – vou usar um número redondo para facilitar o entendimento. Se aplicássemos a regra dos 70/30 a Joaquina, veríamos que ela deve direcionar 700 reais para suas despesas no presente, sendo que, desse valor:

- 550 vão para os gastos essenciais;
- 50 vão para a educação continuada;
- 100 ela gasta como quiser.

Os 300 restantes vão direto para as metinhas, metas e metonas e para a aposentadoria.

Bem, isso é a expectativa. A realidade é bem diferente. A maioria das pessoas que faz esse exercício descobre que, embora seu pró-labore seja de 1.000 reais, os gastos essenciais somam 1.600, o investimento em educação é zero e o dinheiro para gastar como quiser é uma incógnita. Aposentadoria? Metas? Esquece.

Continuando o exemplo de Joaquina: apesar do pró-labore de 1.000 reais, houve um mês muito bacana para o negócio dela em que recebeu 4 mil reais. Joaquina se empolgou. Achou que aquilo, sim, era o que merecia ganhar. Achou que seria para sempre. Mesmo sem saber o nome do conceito, Joaquina caiu na armadilha do desconto hiperbólico, um clássico da economia comportamental: a pessoa se vê compelida a aproveitar o benefício do presente como se não houvesse amanhã, como se estivesse dando um "desconto" para si mesma hoje. E aí, sob o efeito alucinógeno do desconto hiperbólico, Joaquina comprou um carro financiado em muitas parcelas de 300 reais. Resolveu também que era hora de ter a própria casa e fez outro financiamento com parcela mensal de 300 reais. Então começou a ler este livro e entendeu que precisava adaptar sua vida ao salário de 1.000 reais. Mas ela tem que desembolsar 600 reais por mês para pagar os financiamentos, ou seja, não vai dar. Joaquina surta.

A técnica dos envelopes foi pensada para pessoas como Joaquina e para a Joaquina que mora dentro de nós.

Na prática, consiste em criar limites de orçamento em vez de viver, consumir e depois chorar por não ter como pagar.

Agora que você sabe quanto em dinheiro tem para gastar com o que é essencial todos os meses, chega o fatídico momento de criar os limites por categoria. Vamos ver como Joaquina resolveu isso.

Fazendo os cálculos, ela vê que seus 55% deveriam corresponder a 550 reais. Significa que tudo que é essencial precisa caber dentro desse limite.

O próximo passo é observar na planilha de gastos quanto já está comprometido com parcelas e despesas fixas, como aluguel, financiamentos, etc. São valores que ela não vai ter como reduzir. Joaquina soma tudo e chega ao valor de 800 reais somente com gastos fixos. (Os valores são ilustrativos, apenas para que você entenda a lógica, ok?)

Logo, não sobrará nada para as despesas variáveis deste mês, como transporte, alimentação, lazer, etc., e ainda estará acima dos 550 reais propostos pelo método.

Ela então toma a decisão de usar os 10% para gastos livres (que é a grana de presente que você pode usar para o que quiser, inclusive para aumentar o valor reservado aos gastos essenciais, lembra?) para ampliar o valor disponível para o presente. Seu limite passa a ser de 650 reais.

Joaquina entende que as despesas fixas e os financiamentos a deixaram em uma situação bem complicada, mas não é hora de se arrepender. Chegou o momento incrível de arrumar a casa e deixar um presente para a Joaquina do futuro, afinal, ela trabalha duro e merece uma vida financeira mais tranquila.

Joaquina arregaça as mangas e começa a executar um plano de ação:

- Reduz em 30% a parcela do financiamento do carro negociando um prolongamento da dívida. Essa escolha fará com o que o custo total da dívida aumente, mas dará o alívio necessário no curto prazo para que nossa empreendedora consiga colocar a cabeça pra fora d'água. A diminuição na parcela fará toda a diferença na quitação dos boletos (o que vai livrá-la dos juros exorbitantes que ela paga quase todo mês por débitos em atraso) e ainda ajudará nos gastos variáveis, melhorando a qualidade de vida. Lembrando: é algo momentâneo que garantirá a saúde financeira da Joaquina no curto prazo, dando a ela fôlego para renegociar essa parcela no futuro.
- Cancela os streamings que não usa.
- Divide as despesas mensais do carro com a pessoa jurídica, afinal, as duas o usam: uma para ganhar dinheiro, a outra para usufruir o que o dinheiro proporciona.

Tudo isso faz o custo mensal fixo cair de 800 para 400. Joaquina tem agora 250 reais (150 reais dos 55% e outros 100 reais dos 10% em dinheiro livre) para as despesas variáveis.

Antes de separar essa grana em envelopes, ela já separa a quantia para as contas de luz, gás e água, que em média somam 80 reais por mês. Restam 170 reais.

E é aí que entram em cena os famosos envelopes.

O próximo passo de Joaquina é ser fiel ao compromisso assinado no início deste livro e criar limites para cada categoria essencial.

Para começar a brincadeira, ela separa o dinheiro disponível para aquele mês e depois para cada semana, começando do mais importante para o menos importante.

No caso dela ficou assim:

Total para gastar esse mês	170 reais
Alimentação / higiene / limpeza da casa	80 reais (20 por semana)
Beleza	0 (negociar uma permuta ou fazer as unhas e o cabelo em casa com ajuda de amigas)
Transporte (pessoa física)	20 reais (para Joaquina é suficiente, pois ela não usa o transporte público todos os dias)
Saúde / farmácia	50 reais (por mês, mas pode variar)
Lazer	20 reais
Academia / corpo	0 (treinar em casa com vídeos gratuitos ou caminhar na rua)

Aplicando o método para preservar o que é essencial, Joaquina entendeu que é mais importante ter dinheiro para certos gastos, como a compra de alimentos e produtos de higiene e limpeza, do que para outros, como os cuidados com o corpo.

Nossa amiga fez as contas de quanto precisaria gastar semana a semana e passou a sacar apenas o necessário para os próximos sete dias – semanadas, como o que a gente dá para crianças quando estamos ensinando a elas como lidar com dinheiro. Joaquina sabe que poderá gastar no máximo 42,50 por semana com todos os seus essenciais variáveis. É isso que haverá no envelope daquela semana. Acabou, paciência.

Eu sei que não é fácil. Mas também sei que qualquer ser humano pode cultivar autodisciplina e olhar lá para a frente, pensando que nos próximos meses tudo começará a entrar nos eixos. Chega dessa vida de passar cartão de crédito e ir arrastando dívidas de um mês para o outro.

Uma boa estratégia é avaliar, dentre os itens essenciais, o que é *mais* essencial. Se for a alimentação, destine a isso uma parte maior do que você tem, mas comprometa-se a cozinhar em casa, fazer feira na hora da xepa, escolher produtos perto da data de vencimento, que muitos mercados oferecem com desconto, trocar carne por frango, frango por ovo, etc.

Você vai descobrir que pode trocar seu plano de celular por outro mais barato. Que talvez não tenha cacife (ainda) para manter um carro próprio e que é melhor vender o seu e usar transporte coletivo.

Há incontáveis maneiras de economizar quando olhamos com lupa para os nossos gastos. Com a técnica dos envelopes você terá um tempo de escassez para depois experimentar uma vida inteira de abundância financeira.

"Ó MUSA DA SABEDORIA FINANCEIRA, agora tudo ficou claro! Mas e na empresa, precisa fazer 70/30 também?"

Excelente pergunta. Quando se trata da sua empresa, é importante manter a filosofia de não perder de vista os gastos essenciais e buscar a otimização de custos em tudo que for possível, mas a regra dos 70/30, em que 70% vão para o presente e 30% para o futuro, não se aplica. Você vai entender o motivo quando passarmos para a próxima etapa da estratégia: ganhar mais.

O que pode e deve ser mantido para a empresa é a técnica dos envelopes, que cria limites de gastos por categoria de acordo com a sua importância e com a capacidade da empresa de fazer dinheiro novo. Assim como sua pessoa física precisa de um valor mínimo para sobreviver, sua empresa também precisa saber qual é o mínimo necessário para gerar o máximo de retorno financeiro.

Já que estamos na etapa de gastar menos e de forma inteligente, é importante que você tenha controle sobre os gastos da sua Raquel, digo, da sua empresa.

Faça o seguinte exercício: lá na sua planilha de custos da empresa, atribua uma cor aos gastos fixos, como internet, aluguel, assinaturas de softwares, seu pró-labore. Com outra cor, destaque tudo que é custo variável e que, inclusive, aumentará caso a demanda pelos seus produtos ou serviços aumente também.

Veja como ficou a planilha de gastos mensais da pessoa jurídica do Gilson, motorista de aplicativo:

Pró-labore	3.000 reais
Parcela do carro	1.100 reais
Seguro de vida	200 reais
Impostos/Contribuição como MEI	76,60 reais
IPVA	200 reais
Seguro do carro	250 reais
Total de despesas fixas	**4.826,60 reais**

Alimentação no horário de trabalho	1.750 reais
Combustível	1.500 reais
Limpeza do carro	200 reais
Manutenção	200 reais
Total de despesas variáveis	**3.650 reais** (valores médios, considerando oito horas de corrida por dia, de segunda a sábado, isto é, 25 dias no mês)

Gilson sabe que, mesmo que o carro não saia da garagem, terá que desembolsar 4.826,60 reais, que são os custos fixos para manter a possibilidade de fazer dinheiro com o carro e ainda pagar o próprio salário.

Já os outros 3.650 reais dependem da quantidade de corridas que ele fizer e das horas e do número de dias de trabalho.

Alimentação não é um custo influenciado diretamente pela quantidade de corridas, mas é importante que o autônomo entenda que essa despesa impacta a produtividade do "funcionário" e, portanto, é essencial. Esse custo pode ser reduzido caso você opte por comer em casa, levar marmita ou almoçar/jantar em uma região mais barata da cidade, mas não pode ser cortado.

E como saber se vale a pena trabalhar como motorista de aplicativo ou em qualquer outra atividade?

A conta que Gilson e qualquer autônomo precisam fazer é a seguinte:

A soma das receitas (todo o dinheiro que entrou no mês) menos as despesas fixas, incluindo o pró-labore, e as despesas variáveis deve ser igual ou maior que zero.

E é aí que começamos a ter alguma previsibilidade. O pró-labore do Gilson é de 3 mil reais. Ele já sabe qual é o valor total das despesas fixas, mas ainda não sabe quanto precisará trabalhar para cobrir as despesas variáveis e ainda ter algum lucro. Faz de conta que você acabou de voltar para a escola e eu, sua professora de matemática, vou te passar um problema para resolver. Calma, vai ser um problema bom e vai te ajudar a adaptar o caso de Gilson à sua realidade.

Problema da profe Nath pra você:

> Gilson é motorista de aplicativo e sua empresa tem um custo fixo mensal de 4.826 reais (arredondei aqui) com o veículo e o pró-labore. O gasto médio com alimentação no período em que ele está trabalhando é de 70 reais por dia e o custo variável com combustível é de 0,38 por quilômetro rodado. Além disso, Gilson gostaria de provisionar 200 reais mensais para a manutenção do carro. Considerando que as empresas intermediadoras oferecem a remuneração de 1,80 por quilômetro, quantos quilômetros Gilson precisa rodar todos os meses a fim de cobrir os custos mensais da empresa dele?
>
> **Resposta: 3.398 reais por mês + 49 reais por dia trabalhado**

Como chegar a esse resultado? Vamos começar listando os dados que temos:

DESPESAS	
Despesas fixas mensais	1.826 reais
Pró-labore	3.000 reais
Outras:	
- Combustível	0,38 reais por quilômetro rodado
- Alimentação	70 reais/dia
- Provisão	200 reais/mês

RECEITAS	
Remuneração da empresa	1,80 real por quilômetro rodado

O segundo passo é subtrair o custo com combustível por quilômetro rodado para chegar ao **valor líquido recebido por quilômetro**.

1,80 - 0,38 = 1,42

Gilson, na verdade, está ganhando 1,42 real líquido por cada quilômetro rodado. Então vamos atualizar nossa lista de valores:

RECEITAS
Remuneração da empresa – 1,42 real por quilômetro

Agora Gilson já consegue saber quantos quilômetros precisará rodar para bancar os custos fixos com funcionários (ele próprio) e com o carro.

Sabendo que o custo total fixo é de 4.826 reais (despesas fixas + pró-labore), vamos dividir esse valor pelo ganho real a cada quilômetro rodado:

4.826 / 1,42 = 3.398,59

Rodando 3.398,59 quilômetros Gilson pagará as despesas com o carro e receberá seu "salário" de 3 mil reais.

Mas falhará no planejamento, porque dois custos ficaram de fora: a alimentação e a provisão para manutenção. Sabemos que ele gasta em média 70 reais com comida por dia de trabalho e que quer reservar 200 por mês para a manutenção do carro.

Vamos incluir esses itens na nossa conta:

Alimentação
70 / 1,42 = 49,29 km **por dia**

Manutenção do carro
200 / 1,42 = 140,84 km **por mês**

Logo, para pagar os custos fixos e a manutenção do carro, Gilson precisa rodar 3.398,59 quilômetros (para cobrir os custos fixos) + 140,84 quilômetros (para a manutenção mensal), além de 49,29 quilômetros a cada dia trabalhado para custear a alimentação de seu funcionário (ele mesmo).

Agora ele pode escolher como vai dividir esses 3.539,43 quilômetros dentro do mês: se será em partes iguais por 25 dias de trabalho, o equivalente a cerca de 141 quilômetros por dia, ou se fará um volume maior de horas em alguns dias pontuais para poder descansar sábado e domingo. Aplicando esse raciocínio, o volante e o controle financeiro estarão nas mãos de Gilson, mas ainda podemos melhorar o futuro dele reservando parte dos ganhos para o Gilson empreendedor do futuro.

Quando apresentei a técnica dos 70/30, expliquei que 30% de todo o dinheiro recebido pela sua pessoa física deveria ser reservado a metinhas, metas, metonas, etc., e que a reserva de emergência é uma responsabilidade do contratante, a sua pessoa jurídica. E aí eu te pergunto: de onde vai sair o dinheiro para montar a reserva de emergência se todo o dinheiro recebido por Gilson já está comprometido com os gastos fixos e variáveis? De onde vai sair a grana que será investida mês a mês para compor a reserva de emergência que vai segurar as pontas caso o carro quebre ou Gilson receba uma multa?

Nesse caso, ele tem algumas alternativas:

a) Trabalhar mais por um período até que a reserva esteja montada.

b) Negociar com o funcionário uma redução temporária de pró-labore.
c) Reduzir o valor da parcela do carro estendendo o prazo da dívida.
d) Aumentar seus ganhos alugando o carro nos dias em que não estiver trabalhando.
e) Vender produtos permitidos pelas empresas de transporte.
f) Fazer serviços de transporte particular.

Aqui é que eu quero que você comece a entender a cabeça da otimização de quem faz mais dinheiro: em vez de cortar custos, o empreendedor deve enxergá-los como uma alavanca geradora de riqueza que será multiplicada à medida que o valor agregado do produto ou serviço aumentar.

O que precisa ficar claro para você, querida leitora ou querido leitor, é o seguinte:

Para que a sua pessoa física tenha um pró-labore maior e possa melhorar o seu padrão de vida, a sua pessoa jurídica precisa fazer escolhas melhores, potencializando os ganhos e reduzindo os custos de modo inteligente, mas sem cortar na própria carne.

O exemplo que eu usei do motorista de aplicativo pode ser adaptado a qualquer área de trabalho, mas, para isso, você precisa saber a resposta às seguintes perguntas:

1. Qual é o **custo fixo** da sua produção/serviço, incluindo o pró-labore?
2. Qual é o **custo variável**?

No caso de um confeiteiro, quanto custa produzir cada brigadeiro? Quanto custa fazer um bolo recheado de doce de leite? Quanto custa fazer um pão de mel?

No caso de uma editora de vídeos, qual foi o investimento feito em equipamentos ou qual é o custo mensal para usá-los caso sejam alugados ou estejam parcelados no cartão? Qual é o custo da energia elétrica utilizada por hora de edição? Quanto custam a alimentação, o seguro dos equipamentos, etc.?

No caso de uma psicóloga, qual é o seu custo fixo de atendimento, entre internet para eventuais consultas à distância, despesas com contador, aluguel da sala, etc.? E os custos variáveis?

Adiante falaremos de precificação e vendas, por isso essa etapa de custos precisa estar muito bem resolvida na sua cabeça. O preço que você vai cobrar e o volume de vendas farão a diferença entre o controle e o descontrole financeiro. Vai ser lindo de ver.

BOM, MAS E SE A JOAQUINA quiser gastar mais, viver com um pouco mais de conforto? A quem ela pede um aumento?

Quem entra no jogo agora, e para vencer, é a Joaquina pessoa jurídica, a maior responsável por fazer dinheiro suficiente para pagar seu pró-labore, gastar o mínimo possível com o que é essencial para a empresa e gerar o máximo de lucro sem abrir mão dos próprios valores.

É hora de você conhecer a próxima etapa da estratégia.

CAPÍTULO 9
Estratégia – Parte 2: Ganhar mais com "os elementos ARCURI de distinção"

Você já enxugou todos os gastos que podia. Já renegociou todas as dívidas. Cortou todas as tarifas desnecessárias que estava pagando sem nem saber por quê. Se mesmo assim sua pessoa física ainda não cabe nos 70/30, está na hora de passar para a segunda etapa da estratégia (que é o terceiro pilar do meu método). Na verdade, mesmo que com todas essas medidas você tenha resolvido o rolê dos 70/30, sempre vale a pena adotar essa parte da estratégia, porque ela vai mudar sua vida para melhor. O dinheiro vai começar a aparecer.

Antes de tudo, uma boa notícia: conseguir um aumento de salário é muito mais fácil para quem é autônomo. Pensa comigo: se você é CLT e precisa ganhar mais, pode ralar, trabalhar o triplo e mesmo assim só resta rezar para que sua/seu chefe enxergue seu esforço e te dê um aumento, o que, vamos combinar, é bem improvável de acontecer (talvez agora, entendendo melhor a complexidade de se ter um negócio, você entenda o porquê). Se você é autônoma, porém, ganhar mais está nas suas mãos. O único detalhe é que você terá que agradar aos seus patrões e patroas. Já expliquei quem eles são, mas não custa relembrar: o patrão do autônomo é o cliente. E os autônomos podem escolher seus clientes, o que é lindo (você pode ficar só com os bacanas, aqueles que valorizam seu trabalho e pagam por ele o valor justo).

Cada cliente é uma joia que o autônomo precisa aprender a lustrar e a tratar com todo o cuidado. Um cliente satisfeito é a maior riqueza que você pode ter.

Nesta parte do livro vou ensinar a você como eu fiz para manter os meus clientes satisfeitos e pagando o que eu cobrava deles. Estou falando no passado porque, depois de passar pela fase autônoma, decidi expandir o alcance dos meus serviços e produtos. Para isso, investi boa parte do dinheiro recebido como autônoma na transformação da minha "eupresa" em uma empresa de verdade, com mais de 100 funcionários e faturamento na casa de milhões de reais.

É importante reforçar que tudo que você está lendo neste livro vai expandir os seus ganhos como autônoma(o), mas não é o meu objetivo te ensinar a escalar o seu negócio a ponto de faturar dezenas de milhões. A ideia aqui é que você ganhe mais, tenha previsibilidade e invista de maneira recorrente.

Mas saiba que, mesmo como autônoma (o), você é capaz de chegar a um faturamento anual na casa do milhão, dependendo da sua atividade e das alternativas viáveis para ganhar dinheiro com ela. Para isso, precisaremos fazer alguns ajustes nas expectativas da(o) funcionária(o) do mês. Sabe quem é essa pessoa?

DEFININDO PAPÉIS DA(O) FUNCIONÁRIA(O) DO MÊS: VOCÊ!

- Criar as metas baseando-se nos valores e na visão da empresa (já explicamos isso no Capítulo 5, volte lá se quiser relembrar)
- Definir preço
- Garantir a entrega no prazo e com qualidade
- Cultivar um ótimo relacionamento com clientes e oferecer atendimento cinco estrelas

Antes de falar sobre formas práticas de ganhar mais dinheiro com a sua empresa de um único funcionário, eu preciso compartilhar com você uma premissa básica:

Geração de valor.

Parafraseando Warren Buffett, um dos maiores investidores do mundo, preço é o que você paga, valor é o que você leva. Quando seus clientes compram seus produtos ou serviços, o que estão levando? Por que eles escolhem você? Não tenha medo de perguntar aos seus clientes por que eles preferem você. Seu produto é mais bonito, dura mais? É mais caprichado? É mais prático? Chega rápido? Seu atendimento é melhor? A resposta pode inclusive ajudar você a divulgar o seu trabalho e assim fazer outros clientes se apaixonarem por aquilo que você faz tão bem. Algo que talvez você fizesse de maneira intuitiva pode atrair mais gente quando realizado de maneira intencional, consciente, graças à informação que você colheu dos seus clientes. Parece mágica, mas é real.

Para entender melhor o conceito de geração de valor, é importante que você volte algumas casas e relembre seus valores pessoais, listados lá no início do livro. Vou relembrar alguns aqui:

reconhecimento
contribuição
gratidão coragem
honestidade **amor**
liberdade **proteção**
segurança **justiça** **status**
cuidado **família**

Assim como esses valores são importantes para você, serão para outras pessoas também, e é aí que mora o *valor percebido* de um produto ou serviço.

"Valor percebido? Falou bonito agora, hein, dona da p@rra toda! Não entendi."

Fica com essa expressão na sua mente: valor percebido. É isso que vai diferenciar você de qualquer concorrente e fará você ganhar mais dinheiro do que jamais ousou sonhar. É na expansão do valor percebido que mora o potencial de escala financeira de um profissional autônomo.

Valor percebido é o que leva muita gente sem carro a pegar uma fila de horas para comprar um aparelho celular cujo preço seria suficiente para dar entrada em um veículo.

Valor percebido é o que leva milhões de pessoas a se endividar ou juntar dinheiro (aquelas que seguem o método Nathalia Arcuri) para realizar o sonho de passar alguns dias nos parques da Disney.

Valor percebido é o que faz um copo ficar esgotado e se transformar em objeto de desejo e de status, chegando a custar 1.300 reais no mercado de usados, como aconteceu em 2024 com os produtos Stanley.

Valor percebido é o que permite a uma profissional de micropigmentação de sobrancelhas cobrar 12.500 reais por sessão, caso da empreendedora e ex-autônoma Natalia Martins, enquanto a maioria cobraria no máximo 1.000.

Valor percebido é o que leva um profissional do mundo da moda a cobrar 30 mil por um vestido e ter fila de espera.

Valor percebido é o que leva um coach a cobrar 1.500 reais por sessão e estar com a agenda lotada pelos próximos seis meses.

Valor percebido é o que leva empresas a pagar 80 mil por uma palestra de uma hora ministrada pela autora deste livro.

Mas nem sempre foi assim. Como todo autônomo que se preze, eu comecei de baixo, cobrando o preço de mercado e o que as pessoas estavam dispostas a pagar pelos meus serviços. Minha primeira palestra foi contratada por 5 mil reais e ministrada em uma churrascaria três anos após o início da minha carreira no mundo das finanças pessoais. Ou seja: durante três anos meu ganho com palestras foi zero.

Mas já parou para pensar por que algumas marcas, produtos e profissionais podem se dar ao luxo de cobrar muito mais do que seus concorrentes?

Seria sorte? Destino?

A essa altura do campeonato você já deve ter entendido que não se trata de um nem de outro, apesar de o fator sorte dar uma mãozinha em alguns casos.

Os elementos ARCURI de distinção

O valor percebido do seu produto ou serviço vai aumentar consideravelmente caso você consiga despertar nos seus clientes todos os elementos ARCURI de distinção.

- Autoridade
- Reputação
- Custo-benefício
- Urgência
- Raridade
- Individualização

Autoridade
O que faz de você ou do seu produto o melhor do mercado? Que provas você tem de que já conseguiu atingir o sucesso no seu nicho? Pode ser a participação em uma feira dedicada apenas a esse universo, um prêmio recebido pela atividade, um curso de especialização, uma entrevista para o jornal do seu bairro ou para uma revista com boa reputação, um artigo publicado por estudantes sobre o seu jeito de criar/atender. Podem ser, principalmente, depoimentos de clientes satisfeitos.

Importante: não basta ter as validações; você precisa comunicá-las.

Logo que eu comecei a trabalhar como planejadora financeira, descobri uma premiação nacional para os melhores do setor, o extinto prêmio IBCPF (Instituto Brasileiro de Certificação de Profissionais Financeiros, hoje Instituto Planejar). Era 2014 e esse prêmio caía como uma luva para mim porque não era necessário ter uma reputação prévia. Eu só precisava fazer o melhor trabalho. Era uma disputa em grupo e eu entrei pra vencer. Aquele prêmio, acreditava eu, seria o meu passaporte para começar a acumular a quilometragem necessária para ser vista como uma profissional diferenciada.

E eu ganhei. Falei da minha vitória em todos os lugares possíveis e passei a usar esse fato relevante como argumento de venda das minhas palestras, que, como num passe de mágica, começaram a ser vendidas. Aquele prêmio me ajudou a conquistar *autoridade*.

Reputação

Uma coisa é você ter autoridade, outra coisa é ter reputação. Você pode ser a melhor na sua área em quesitos técnicos, como a beleza dos seus docinhos, o sabor da sua marmita vegana, o bom gosto dos seus projetos de decoração, e ainda assim ter uma péssima reputação por entregar fora do prazo, cobrar um preço diferente do combinado ou tratar mal os seus clientes. Reputação é o que vai te manter no topo, podendo cobrar cada vez mais por mais tempo.

E, já que estamos falando em você como chefe de si, não se esqueça nunca, jamais, de pensar em você como empresa. Nunca é demais lembrar: quer você tenha um logo bacana, quer a sua marca seja apenas o seu nome, é hora de criar um portfólio de trabalhos e deixá-lo disponível na internet. Avalie se ter redes sociais em nome da empresa pode ajudar o seu negócio – eu aposto que sim.

Custo-benefício

Não importa o que você esteja vendendo: de assessoria de casamentos a unhas de porcelana, seus clientes vão querer saber o preço e precisam estar convencidos de que seu produto ou serviço é a melhor opção. E é aí que entram em cena a reputação e a autoridade: elas garantem que seu produto tem o melhor custo-benefício. Tempo de espera tem custo. Um produto malfeito ou com defeito tem custo. Cursos de especialização que tornaram você um(a) profissional mais qualificado(a) tiveram um custo. Um vídeo de vendas que desperta a intenção de compra dos clientes tem custo. Acertar o ponto da feijoada que será servida em uma festa e deixar os convidados felizes e satisfeitos também tem custo.

O preço que você vai cobrar do seu cliente pode ser diretamente proporcional à frustração que você está reduzindo, ao prazer que está proporcionando, ao tempo que ele está economizando e a quão especial a pessoa se sente ao consumir seu produto ou serviço.

Conheço muitos autônomos que a cada 10 produtos ou serviços pagos oferecem um gratuito – de passeador de cachorro a vendedora de marmitas. Também conheço profissionais que têm pequenas atitudes que cativam seus clientes de um jeito único. Vou falar de alguns para inspirar você.

Imagine uma boleira que soubesse a data do aniversário de todas as pessoas da sua família e um mês antes ligasse sugerindo bolos e recheios e já oferecendo 30 brigadeiros de graça. Ou uma revendedora de maquiagem que calculasse quando a sua base, aquela que você usa todo santo dia, está prestes a acabar e te mandasse uma mensagem pelo WhatsApp com a mensagem "Sua base nova já chegou!" e o link para pagamento. Fala sério, é irresistível.

Urgência

Sabe aquela história de pessoa certa na hora certa? É assim que se usa o recurso da urgência quando se é autônomo. Infelizmente, a maioria das pessoas ainda deixa para comprar coisas e contratar serviços na última hora (isso não inclui os mepoupeiros, que se multiplicam pelo Brasil e pelo mundo e planejam seus desejos, transformando-os em metas), e é aí que um autônomo bem posicionado pode ganhar mais. Quanto vale o trabalho do melhor personal trainer quando o aluno resolve fazer uma aula extra no domingo? Quanto vale um bolo de casamento bem-feito encomendado a uma semana do dia D? Quanto vale uma massagem bem-feita quando seu corpo está todo dolorido e você precisa daquele serviço no mesmo dia? Certamente nesses exemplos qualquer pessoa estaria disposta a pagar uma espécie de taxa de urgência. É o preço pelo imediatismo de quem não se planeja. Se você nunca pensou em cobrar por isso, está perdendo dinheiro.

Outra forma de usar a urgência é criando promoções-relâmpago ou postando avisos nas redes sociais sobre a sua agenda de atendimentos ou produtos. Exemplo: uma tatuadora pode comunicar a seus clientes que as datas para fazer tatuagens no mês seguinte estão disponíveis, que haverá espaço para apenas 20 atendimentos e solicitar indicações de amigos que queiram aproveitar essa oportunidade por um preço promocional exclusivo. Uma artesã pode espalhar a notícia de que está criando uma nova coleção de bolsas de crochê para o Dia das Mães e que está aceitando reservas por um preço reduzido para as 10 primeiras encomendas.

Raridade

Quanto mais abundante, mais barato um produto ou serviço será. Essa é uma vantagem das grandes empresas, que podem se dar ao luxo de cobrar muito menos por produtos e serviços, já que o volume de vendas garante milhões em faturamento. Tomemos como exemplo uma grande varejista de moda. Por produzir em escala, ela tem as vantagens da alta produtividade e do reduzido custo de produção, mas perde no quesito raridade. Afinal, as peças dispostas na vitrine desfilarão em milhares de pessoas pelas ruas (aquela sensação esquisita de chegar numa festa e encontrar uma pessoa com um vestido igual ao seu).

A vantagem de uma pessoa que trabalha por conta própria é a capacidade de oferecer uma experiência ou um produto com demanda alta, mas com oferta reduzida.

O que para uns pode ser visto como um calcanhar de aquiles se torna um trunfo se ofertado da maneira certa.

"Eu não entendi foi nada. Tô aqui me lascando pra cobrar 45 reais por uma torta, aí a padaria da esquina vende a 35 e me quebra... Raro é eu ter dinheiro no fim do mês. Me ajuda aí, Nath."

Antes de me jogar um pedaço de bolo na cara, preste atenção no que eu vou te dizer agora.

Ninguém vai te valorizar se você não se valorizar primeiro. Você não é a padaria da esquina e a sua torta, feita com mais tempo, ingredientes selecionados, sabor único, embalagem que dá vontade de guardar de tão impecável, certamente vale mais. Se não vale, nós temos um problema fácil de ser resolvido.

Não tente concorrer com quem tem muito mais capacidade de produzir do que você. Não tente cobrar o mesmo que uma empresa que vende produtos feitos em escala. No Método Nathalia Arcuri, é importante que o autônomo se destaque pela raridade. Isso significa que o cliente pode buscar onde for que dificilmente vai encontrar algo igual. Faça o teste e pergunte aos seus clientes: "Você já consumiu, provou, testou, experimentou ou se consultou com alguém que você pudesse comparar com o que eu te ofereço?" Se a resposta for "Sim, algumas vezes", corra para buscar diferenciação. E, se você não tiver criatividade para pensar em como se diferenciar, pergunte aos seus clientes: "O que você acha que eu posso fazer diferente e que te agradaria?" Não pare de perguntar enquanto não encontrar respostas objetivas como: "Gostaria de tortas pequenas para consumir em doses diárias e não estragar na geladeira."

Individualização

Entenda individualização como personalização, exclusividade, algo que parece ou de fato foi feito sob medida para aquela pessoa. Pode ser um atendimento, um produto, um pós-venda. Quando seu cliente se sente a última bolacha do pacote e querido por você, é esperado que ele se sinta muito mais disposto a recomendar os seus produtos e serviços. Essa recomendação vale ouro, ou melhor, dinheiro.

Uma pesquisa divulgada em 2022 pela agência de SEO Hedgehog Digital em parceria com o instituto Opinion Box revelou que 48% dos entrevistados disseram ter pesquisado na internet antes de fazer compras em lojas físicas e 21% afirmaram ter consultado amigos e familiares em redes sociais. Além disso, 18% das pessoas também assinalaram ter buscado referências com conhecidos e parentes pessoalmente ou por telefone antes de adquirir um produto em algum ponto de venda.

Certa vez, uma pequena empreendedora do ramo de biquínis me trouxe seu dilema: ela sabia que seus produtos eram ótimos, desejava cobrar mais, mas não tinha ideia de como. Eu então perguntei o que ela estava fazendo para oferecer experiências únicas e exclusivas às suas clientes. Ela já fazia biquínis sob medida e enviava os produtos para a casa das clientes com bilhetes personalizados, mas queria ampliar o efeito "uau" quando a peça chegasse. Minha sugestão foi que, ao aplicar a etiqueta ao produto, ela customizasse ainda mais a experiência inserindo o nome da cliente na etiqueta em vez de indicar os já conhecidos tamanhos P, M, G ou GG. Afinal, se ela estava personalizando o produto, não fazia mais sentido adotar medidas-padrão do mercado. Até hoje tenho dificuldade de abandonar minhas três peças de biquíni tamanho Nathalia e recomendei a experiência para várias amigas.

Pense agora como você pode tornar o seu produto ou serviço uma experiência única e exclusiva.

Aplicando cada um dos elementos ARCURI de distinção você ficará muito mais perto de demitir os clientes que não valem a pena e aumentar os ganhos.

Como fez minha aluna Juliana, que conta sua história a seguir.

> Durante sete anos eu trabalhei como empregada doméstica em uma casa de família, ganhando 2 mil reais por mês. Isso porque eu tinha uma patroa 'legal', que pagava mais que o salário mínimo e assinava carteira. Na verdade, hoje vejo que assinar carteira era obrigação e que o salário 'acima do mercado' era porque o serviço era muito, mesmo. Eu trabalhava até nos sábados e viajava com a família nos fins de semana sem receber hora extra. Era injusto e eu sabia.
>
> Mas eu tenho uma filha, e aquele dinheiro, mesmo que fosse pouco, me dava alguma segurança. Só que não cobria todas as minhas contas e eu fui me endividando. Para pagar as dívidas, acabava fazendo bicos de faxina nos fins de semana. Alguém precisava de uma limpeza no domingo e lá ia eu, cobrando 100 reais, sem noção do valor do meu trabalho e do problema que eu resolvia para as pessoas. Afinal, era só um bico, né?
>
> Nessa época eu comecei a ver uns vídeos aleatórios da Nathalia e caiu a ficha de que eu poderia ganhar muito mais se não fosse CLT. Mas eu tinha muitas dívidas. Como ia pedir demissão estando tão endividada? Então eu fiz um plano de quitação do que eu devia e me organizei financeiramente para sair

do emprego. Com ajuda dos vídeos da Nathalia, cortei muitas despesas desnecessárias e reduzi meus gastos ao mínimo. Um exemplo simples: em vez de comprar um hidratante mais caro, eu comprava o da marca da farmácia, que custava 10 reais, e pingava um óleo aromático. Demorei alguns meses, mas fui pagando tudo que devia para Pernambucanas, Bradesco, cartão de crédito... Foi bem passo a passo, mas chegou um momento em que eu tinha dinheiro para sonhar mais alto.

Então tomei duas providências. Primeiro, me livrei de uma pessoa-âncora na minha vida [você entenderá o que são pessoas-âncora no Capítulo 16]. Segundo, aproveitando que eu ainda tinha carteira assinada, comprei meu apartamento, dando uma entrada e financiando o restante. Eu precisava da segurança de ter a minha casa.

Estava pronta para trabalhar como diarista. Pedi demissão do emprego no começo de 2020 e me joguei. De recomendação em recomendação, logo estava com a agenda cheia.

Até então, as faxinas de fim de semana eram bicos, então tudo bem cobrar pouco. Mas, quando isso passou a ser a minha principal fonte de renda, eu precisava ganhar mais. Eu achava que a Jornada da Desfudência, o curso de planejamento completo da Nath Arcuri ia me ajudar, mas ainda não tinha o suficiente para pagar o curso. Fiz mais renda extra, apertei aqui e ali e me inscrevi.

Lá eu entendi uma coisa fundamental: que eu agrego valor à vida das pessoas e que isso tem um preço. Eu não me limito à faxina. Se tem uma alface para lavar na geladeira ou uma fruta para cortar, eu vou lá e faço. Fui ganhando confiança e coragem para conversar com minhas patroas e estabelecer novas regras. Para começar, expliquei que eu reajustava todo ano o preço da faxina. E defini um valor que cobria meus gastos com condução e alimentação – em muitas casas não tem almoço, então levo minha marmita. Teve gente que achou caro e me disse: 'Olha, eu acho quem faz mais barato.' Agradeci e me despedi. Muitas dessas pessoas se arrependeram e voltaram a me procurar, mas não tenho mais dias disponíveis. Tem gente esperando a minha agenda abrir. E a minha diária é cara, mais cara que a média do mercado.

Já tentei indicar outras pessoas, mas elas nem sempre fazem o serviço caprichado e eu acabo ficando com a cara no chão. Então tenho planos de treinar outras profissionais, quem sabe isso não vira outra fonte de renda? Hoje em dia, infelizmente, as pessoas não são muito comprometidas. Eu sei bem o poder que tenho nas mãos por fazer meu trabalho bem-feito e não deixo por menos. A pessoa sabe que pode deixar a casa nas minhas mãos. Que tudo estará impecável.

Já consegui fazer duas reservas de emergência, uma pessoal e outra para a empresa. A da empresa cobre perdas que eu posso causar. Outro dia, por exemplo, eu quebrei a luminária do ventilador de teto de uma casa. Sou muito cuidadosa, mas tinha um armário que ao abrir encostava no lustre e eu não percebi. Comprei a peça com o dinheiro da reserva da empresa e na semana seguinte repus. Em qualquer trabalho temos que estar preparadas para as perdas. Esse é outro diferencial meu.

Hoje eu ganho quase o triplo do que recebia quando era CLT. Estou aumentando minha reserva de emergência pessoal porque meus custos subiram agora que comecei a estudar inglês – quero viajar para fora. Uma das minhas metas é ter o valor guardado para a faculdade da minha filha, Ísis, que está com 8 anos. Hoje eu sei para onde estou indo e sei como chegar lá.

Juliana Aparecida de Oliveira, 33 anos, diarista em Belo Horizonte (MG)

A melhor, a primeira, a única!

Algo que pode te ajudar a cobrar mais caro por um produto ou serviço é responder a três perguntas fundamentais:

1. O que preciso fazer para ser a **melhor** opção para o meu cliente?
2. O que eu preciso fazer para ser a **primeira** opção do meu cliente?
3. O que eu preciso fazer para ser a **única** opção do meu cliente?

"Ah, Nath, mas essas são aquelas perguntas de 1 milhão de dólares. Se eu soubesse a resposta, não estava lendo este livro!"

É, mas você já tinha pensado em se fazer essas perguntas? (Cri, cri, cri...)

O melhor dos mundos é quando nós, autônomos, nos tornamos a única opção para o nosso cliente. Não é que não haja concorrência. Pode até haver, mas o nosso serviço, atendimento ou produto é tão bom, mas tão bom, que nem passa pela cabeça desse cliente procurar outra pessoa. Você pode chegar a esse ponto mágico aplicando ao seu negócio a matriz SWOT, também conhecida como matriz FOFA em português. Isso porque ela conjuga num só diagrama as Forças (*strenghts*), as Oportunidades (*opportunities*), as Fraquezas (*weaknesses*) e as Ameaças (*threats*). Resumindo:

- Forças: o que você faz bem, de um jeito único, e todos os seus clientes reconhecem e admiram?
- Fraquezas: em que aspectos você pode melhorar, talvez porque tenha menos recursos que seus concorrentes?
- Ameaças: existe algo no horizonte que possa colocar o seu negócio em risco real? E o que dá para fazer para evitar isso?
- Oportunidades: o que está bem aí no seu nariz e você está deixando de aproveitar porque não sabe como ou simplesmente porque tá dando bobeira?

Forças	Fraquezas
Oportunidades	Ameaças

A vantagem da matriz SWOT, ou FOFA, é que ela te bota pra pensar de um jeito que poucas ferramentas conseguem. Vai lá. Pensa e escreve (lápis ou caneta, por favor). A Nath espera (visualize Nath sentadinha, tamborilando os dedos na mesa enquanto espera a sua ficha cair).

Bem, mesmo que essas respostas estejam difíceis, procure avaliar se você está mais para primeira, segunda ou terceira opção do seu cliente. Nenhuma delas? O seu cliente ainda não te conhece? Põe você no fim da fila na hora de escolher?

Que tal perguntar para ele ou ela o porquê desse comportamento?

Quando foi a última vez que você pediu feedback aos seus clientes? Eu me refiro a pegar o telefone mesmo, mandar mensagem ou ter o hábito de enviar um formulário após cada compra e perguntar a opinião dele sobre o seu serviço, como você poderia atendê-lo melhor, como gostaria de receber um próximo orçamento, etc.

O que agregaria mais valor ao seu trabalho para esse cliente e que você poderia passar a oferecer a partir da próxima entrega? Caso ele não tenha comprado, o que o fez desistir da compra? Encontrou outro melhor, desistiu, o tempo de resposta foi muito longo, o preço não cabia no orçamento ou ele simplesmente não sentiu confiança em efetuar a compra?

As respostas para essas perguntas são como ouro na mão de um autônomo atento e com desejo genuíno de ser a única opção para seus clientes.

Como são raros os profissionais que adotam esse tipo de conduta (a maioria acha que dá trabalho demais), quem atua dessa forma passa a enxergar lacunas que os outros não percebem e cria soluções, o que, em qualquer mercado, significa mais dinheiro.

Se você acha desconfortável ou invasivo abordar o cliente por WhatsApp, tem uma ferramenta ótima e gratuita: o Google Forms (não é propaganda, não, é dica útil mesmo). Ali você pode criar o questionário que quiser e enviar o link direto para o cliente. Eu sempre faço isso assim que entrego um produto ou serviço ou que recebo a negativa de um potencial cliente. Em geral obtenho respostas sinceras que apontam oportunidades de melhoria que eu ainda não estava enxergando. Os clientes são honestos e têm interesse em receber um produto ou serviço mais adaptado às suas reais necessidades, então pode contar com eles.

Talvez você precise oferecer um agrado para motivar o cliente a responder a sua pesquisa. Tudo certo. Você pode dizer a ele que, se preencher e enviar o questionário, receberá um desconto de 5% na próxima compra. Esse feedback é tão importante que vale a pena tirar um pouquinho do seu ganho para recebê-lo. Para o cliente, ficará claro que, se você faz tanta questão dessa opinião, é porque está genuinamente empenhada em melhorar. Clientes bacanas dão enorme valor a isso.

CAPÍTULO 10
Sua Alteza, o cliente

Perdi as contas de quantas vezes não aceitei trabalhar para alguém ou converti um cliente depreciador em cliente apaixonado. No meu período de autônoma, eu atuava em parceria com grandes empresas, e não era incomum ouvir perguntas indignadas do tipo: "Como você não vai trabalhar para a minha empresa? Eu estou te oferecendo muito mais dinheiro."

Lembra dos valores que você definiu para sua empresa? Pois bem, é por isso que eles são tão importantes. No momento em que um cliente te pedir algo que vai totalmente contra esses valores – como fazer uma venda sem nota, criar uma cópia de um produto de outra marca ou depreciar o valor do seu produto ou serviço comparando-o com o de um concorrente –, é aí que seus valores precisam falar mais alto.

Em alguns casos você poderá agradecer a oportunidade e explicar que não trabalha de tal forma. Essa é a minha maneira de até hoje me desviar de bancos, sites de apostas, redes de fast fashion e qualquer empresa que não coincida com meus valores de sustentabilidade e consumo consciente.

Mas e quando o cliente pede um desconto muito agressivo ou diz que o preço está um absurdo? Já aconteceu comigo várias vezes também. Dificilmente abaixo o preço, afinal, não estou vendendo qualquer produto ou serviço, estou vendendo algo único, que gera benefícios reais e que custa mais porém entrega mais também. Quando uma empresa contrata uma palestra minha, não está contratando uma palestra, está contratando o direito de se tornar relevante e aproveitar o meu poder de influência e reputação para ampliar seus atributos de marca junto aos clientes e colaboradores. É como costumo dizer: eu não cobro pelos 60 minutos de palestra, mas pelos 20 anos acumulados de experiência, relevância e entregas acima da média.

"Nossa, mas isso não é muita pretensão?"

O que alguns chamariam de pretensão pode ser visto também como confiança. E lembre-se: não são promessas vazias. É preciso entregar acima da expectativa do cliente.

Se ainda assim o seu cliente disser que não pode pagar, pergunte "Qual é o seu budget?" ou "Qual o seu orçamento?" (quanto ele está disposto a gastar). Então veja no seu portfólio de produtos ou serviços o que poderia atendê-lo, ou ofereça outra forma de pagamento que se encaixe no orçamento dele. Evite dizer "Não posso", "Não tenho" ou "Não dá". Em vez disso, ofereça uma alternativa viável que não diminua o seu valor nem o seu preço.

Agregando valor para poder cobrar mais

Minha intenção neste livro, como já expliquei, não é falar difícil. É falar de um jeito que te permita aplicar as orientações e ter paz financeira na sua vida caótica.

Por isso o que eu vou te ensinar agora sobre valor agregado não será o conceito teórico da Economia, e sim como esse conceito funciona na prática. Vamos deixar as teorias para quem gosta de criá-las.

Agregar valor a um produto ou serviço significa fazer mudanças sutis e adicionar elementos cujo custo seja baixo perto do valor percebido.

O valor agregado costuma funcionar melhor quando você consegue atingir o coração do seu cliente e acessar pelo menos um dos elementos ARCURI de distinção.

Vou dar alguns exemplos de universos diferentes para que você possa adaptar essa dica ao seu negócio e ganhar mais dinheiro sem gastar na mesma proporção.

Em produtos

Um bolo de cenoura quadrado custa o mesmo que um bolo de cenoura em forma de cenoura, mas a raridade de um bolo em outro formato permite que você adicione valor em forma de preço. A mesma pessoa disposta a pagar 2 reais por um pedaço de bolo quadrado possivelmente estaria disposta a pagar 3 reais por um bolo em formato de cenoura que custou a mesma coisa para ser produzido.

Uma camiseta sem grife com a estampa de uma paisagem pode custar 40 reais e será um preço justo. Uma camiseta estampada com o pôr do sol do dia do nascimento do seu filho e entregue no dia seguinte pode custar 80 reais e haverá quem pague acreditando ser um preço justo. É única, rara, urgente e cria uma conexão pessoal inigualável. E você ainda pode vender uma para cada membro da família. Se pegar essa ideia, eu quero 10%.

Em serviços

Uma psicóloga que cobra 100 reais por consulta on-line e oferece um preço justo pode passar a cobrar 300 após entrevistas para meios de comunicação conceituados ou parcerias com influenciadores para falar sobre saúde mental.

Um arquiteto com especialização em materiais duráveis e sustentáveis que levarão mais tempo para perder a "cara de novo" e cujo estilo é único e marcante encontrará clientes dispostos a pagar três vezes mais por um projeto.

Uma manicure com o poder de fazer o esmalte durar mais na unha pode cobrar até 50% mais do que a média, porque tem nas mãos o poder do custo-benefício.

Sua Alteza, o cliente

A pessoa que paga pelos seus produtos é a sua patroa, e é seu dever deixá-la feliz. Mas, assim como na vida de CLT, quando você faz as coisas com dedicação, verdade e disciplina como autônomo você também pode escolher para quem vai trabalhar.

Profissionais excelentes são raros e disputados a tapa. Isso vale para o mundo do emprego e vale para o mundo dos empreendedores também.

"Mas, Nath, eu conheço muita gente boa que ficou sem emprego por muito tempo e eram profissionais excelentes."

Eu não tenho a menor dúvida de que eram, mas talvez eles não tenham buscado o cliente certo para a excelência deles. Para encontrar o cliente ideal, primeiro você precisa conhecê-lo de verdade, e não fazer suposições sobre o que ele gosta.

E é por isso que, antes de qualquer coisa, você precisa decidir para quem quer trabalhar:

a) pessoas
b) empresas
c) ambos

Quando um empreendedor atende apenas o mercado de pessoas, costumamos dizer que ele está operando no mercado B2C, *business to customer*, ou, em português, do negócio para o consumidor.

Quando o empreendedor ou a empreendedora atende empresas, chamamos isso de B2B, *business to business*, ou negócio para negócio.

É possível também ter os dois tipos de clientes: público final (B2C) e empresas (B2B).

No início da minha vida de autônoma, tomei a decisão de operar apenas no mercado B2B. Eu oferecia o serviço pago de produção de conteúdo para as marcas que fizessem sentido aos mepoupeiros e oferecia o conteúdo de graça à audiência. As empresas tinham orçamentos maiores e eu seria capaz de dar escala ao meu negócio mantendo o custo sempre baixo e ampliando o valor percebido através de resultados mensuráveis.

Todo profissional liberal pode ter empresas como clientes, desde que ofereça o que o cliente está buscando.

Lembra do formulário? Conhecer a pessoa ou empresa que você quer encantar é o primeiro passo para criar um encanto. O risco de não conhecer seu cliente é fazer um produto ótimo de que só você gosta.

Uma boa forma de começar essa análise para encontrar seu cliente ideal é fazendo perguntas abertas. Imagine que Joaquina (sempre ela) decidiu abrir uma loja de eletrônicos no centro da cidade. Ela está empolgadíssima com as últimas novidades do mercado de tecnologia e quer vender câmeras profissionais e luzes de LED ultraeconômicas para gravação de vídeos. Mas antes de dar esse passo Joaquina faz uma investigação no local fazendo as seguintes perguntas a pessoas que passam por ali:

1. Você faz gravações caseiras e tem necessidade de uma câmera e luzes profissionais?
2. Que tipo de aparelhos eletrônicos você tem para isso?
3. Com que frequência você usa esses aparelhos?
4. Quais você não tem e gostaria de ter?
5. Por que você não tem esses?
6. Como você cuida dos seus aparelhos?
7. Eles já quebraram? Onde você consertou?
8. Onde você costuma comprar fones, aparelhos e acessórios?
9. Com que frequência você compra esse tipo de produto?
10. Já deu ou tem vontade de dar aparelhos eletrônicos de presente? Se sim, você deu? Se não, por quê?
11. Gosta de receber mensagens com promoções de acessórios e equipamentos?

Veja que essa pesquisa é bem mais profunda e rica do que perguntar: "Se eu tivesse uma lojinha de eletrônicos aqui no bairro você compraria nela?"

A resposta para essa pergunta, aliás, provavelmente seria "Acho que sim". E se Joaquina entrasse de cabeça nessa ideia baseada na certeza de que as pessoas vão comprar na lojinha, perderia muito dinheiro, porque não analisou o que o cliente compraria, quando, como e por que compraria.

Depois dessa análise profunda, Joaquina descobriu que:

1. A maioria das pessoas já tem celular, mas gostaria de trocar se o preço fosse vantajoso ou se a loja aceitasse o antigo como parte do pagamento.
2. A maioria das pessoas que passam por ali gostaria de receber informações de promoções.
3. A maioria das pessoas compra por impulso quando vê algo interessante e barato.
4. A maioria das pessoas não quer câmeras poderosas e profissionais e prefere gastar pouco em acessórios.
5. A maioria das pessoas não presenteia com equipamentos ou acessórios de comércio de rua porque acredita que não são confiáveis e porque em geral não há embalagem de presente.

Com essas pérolas nas mãos, ela está mais preparada para começar a planejar o negócio a partir da realidade de Sua Alteza, o cliente.

Faça esse exercício com os seus potenciais clientes.

P.S.: Graças à internet, todo mundo é um cliente em potencial.

Sua Alteza Suprema, o cliente fixo

Sabe aquele mar de incerteza por onde você tem navegado?

Imagine-se fora dele. Como seria poder ter previsibilidade em relação aos seus ganhos?

Não importa o que você faça ou em qual segmento esteja inserida, é possível ter clientes fixos se você ampliar um pouco o seu raio de alcance.

No comecinho da Me Poupe!, antes de me jogar no mar e pedir demissão, eu garanti o meu colete salva-vidas: meu primeiro cliente fixo. O contrato que nós fechamos cobria o meu "salário" e todos os custos da empresa por um ano – já contei isso aqui. Você consegue conquistar esse cliente fixo oferecendo a ele um serviço mensal por uma remuneração fixa. Se você vende trufas, por exemplo, pode fechar um contrato com um restaurante para oferecer 100 doces por mês durante três ou seis meses, cobrando por unidade um valor menor do que cobraria se o restaurante comprasse seus produtos esporadicamente. Para o cliente também será vantajoso, porque ele assegura a entrega e paga menos pela mercadoria.

O melhor dos mundos para o autônomo é transformar um cliente eventual em fixo – de preferência, em um de seus vários clientes fixos. É para isso que estamos trabalhando aqui.

Um alerta importante que eu sempre faço aos meus jornadeiros e mepoupeiros: cuidado para não se tornar empregado do seu cliente fixo. Isso acontece quando você dedica 100% do seu tempo a um único cliente. Bom, se é para ser assim, melhor trabalhar com carteira assinada, né?

Imagine uma psicóloga que atenda sete clientes por dia, cinco dias por semana. São clientes diferentes e recorrentes, sendo que cada um deles vai ao consultório uma vez por semana. Isso ilustra bem o que quero demonstrar.

Tudo claro até aqui?

Outro exemplo: vamos pensar na situação de um ilustrador freelancer que fecha um pacote semestral com uma agência de publicidade para oferecer 10 ilustrações por mês a um valor de 2 mil reais. Se ele levar três horas para fazer cada ilustração, são 30 horas de trabalho no mês, pouco mais de seis horas por semana. Se com esses 2 mil reais ele conseguir pagar todas as despesas da pessoa jurídica – lembrando que o pró-labore estará aí dentro –, todo o restante que entrar será lucro, que nosso ilustrador usará para criar a reserva de emergência e pagar um dividendo polpudo no final do ano.

O preço

Agora que você aprendeu mais sobre quem vai pagar essa conta (e levar valor para casa), chegou a hora de saber quanto e como cobrar.

Pausa para um pedido da autora.

Se você chegou até aqui, por favor me marca nas redes sociais com uma foto desta página aberta? É só postar e marcar @NathaliaArcuri e

#Chefedemim. Vou ficar feliz sabendo que você chegou tão longe e está cada vez mais perto da sua autonomia financeira.

Precificação não é apenas um cálculo objetivo, como vão te dizer por aí. Depois de agregar valor ao seu produto e torná-lo exclusivo, criar autoridade e reputação para seu serviço ou produto, criar urgência e transformar produtos e serviços básicos em algo único, as decisões de compra do seu cliente não se darão no campo da razão, e sim no da emoção, que é onde todas as decisões são tomadas.

"Mas, Nath, não adianta eu cobrar quanto eu quiser por um produto ou serviço se ninguém estiver disposto a pagar por ele."

Verdade. Mas também não faz sentido se concentrar nos aspectos objetivos, como o custo e o preço da concorrência, e deixar na mesa um volume expressivo de dinheiro que entraria direto na sua conta se você trabalhasse o conceito de valor percebido.

Quando preparei meu primeiro curso, a Jornada da Desfudência, eu não tinha a menor ideia de quanto cobrar, mas já havia muitos "lançadores de cursos" interessados em me "ajudar". Na verdade, eles estavam de olho no meu alcance e no dinheiro que eu poderia gerar para eles. Durante dois anos fui assediada por alguns grupos que se colocavam à disposição para cuidar de toda a cadeia produtiva de vendas com promessas de me deixar milionária.

Foi fácil dizer não a todas essas propostas porque lá na minha lista de valores da empresa estava "Mepoupeiros em primeiro lugar" e dinheiro estava por último. Logo, a ideia de lançar um curso somente para ganhar dinheiro não fazia sentido para mim. Depois de dois anos desenhando o produto – um curso completo capaz de transformar pessoas "comuns" em investidores próximos da independência financeira –, chegou a hora de colocar preço nele. E aí eu te pergunto:

Quanto vale a sua independência financeira?

O que eu sabia é que tinha investido mais de 150 mil reais para aprender tudo que eu pretendia transmitir naquele curso, ou seja, qualquer pessoa que quisesse saber tudo que eu sabia teria que gastar por aí, além de empregar tempo e o próprio dinheiro. No entanto, me parecia claro que ninguém pagaria 150 mil para fazer o meu curso. Mas pagariam quanto?

A solução que encontrei foi oferecer o curso gratuitamente a algumas pessoas que estavam interessadas em fazer uma consultoria comigo e, depois, perguntar a elas quanto valia aquele aprendizado. Foi assim que formei o meu preço. Uma vez entendido o valor percebido e o preço que as pessoas estavam dispostas a pagar, minha tarefa foi adicionar as camadas ARCURI ao meu curso e torná-lo único.

Hoje você encontra a Jornada da Desfudência dentro da nossa plataforma de educação à distância, a Me Poupe+. Com apenas uma única assinatura, preço semelhante ao de um streaming de filmes e séries, você tem acesso a todos os cursos que já mudaram a vida de centenas de milhares de pessoas. É o streaming da riqueza.

Só depois de ouvir quanto o seu cliente pagaria pelo produto é que você vai colocar preço nele, levando em consideração os aspectos tradicionais:

Custo
Concorrência
Praça
Tamanho do mercado e distribuição
Forma de pagamento
Margem de lucro

Custo
Como você já viu, inclui o seu pró-labore e as despesas fixas e variáveis envolvidas na entrega do produto ou serviço.

Concorrência
Se você ativar os elementos ARCURI, será difícil te comparar com concorrentes. Ainda assim, é importante saber quanto outros profissionais ou produtores do mesmo segmento cobram por serviços e produtos semelhantes. Pode ser um bom ponto de partida, mas nunca deve ser o ponto de chegada.

Praça
O lugar onde você vai vender importa. Praça tem a ver com a sua capacidade de estar perto do cliente quando ele precisa, e não apenas estar na rua X da sua cidade. O mais importante não é a localização, é a disponibilidade. É estar visível e ser necessária. Você pode evitar o custo de uma loja na rua e ainda assim ser reconhecida (lembra da reputação?) por ter as melhores ofertas de acessórios da cidade e do Brasil e entregar na casa dos clientes com um bilhete e recomendações de uso. Dependendo do serviço ou do produto, será mais difícil fazer sucesso em um lugar onde poucas pessoas veem valor no que você está vendendo.

Uma professora de balé clássico que mora em uma cidade majoritariamente masculina, com poucas crianças e com mulheres que preferem sertanejo, terá que se adaptar às necessidades do público local. Ela pode ensinar dança de salão, dar aulas nos bares locais com o apelo de que "quem dança xaveca melhor" ou criar uma base de clientes pequena mas que paga muito bem e indica o serviço para outras pessoas. Essa professora também pode organizar grupos de estudo por temporada em outros estados, atraindo clientes pela exclusividade, reputação e urgência.

Tamanho do mercado e capacidade de distribuição/ atendimento

Quanto menor o seu público-alvo, maior deve ser o valor percebido e o preço, e talvez isso altere a forma como você vende e precifica.

O mercado de estrangeiros dispostos a contratar um guia de turismo bilíngue no Brasil é diretamente proporcional ao número de pessoas que fazem turismo no Brasil todos os anos. Segundo a Embratur, o Brasil recebeu 6 milhões de turistas estrangeiros em 2023. No entanto, o Joaquim, guia bilíngue atuante na região da Chapada Diamantina, conseguirá atender um cliente por vez, talvez um grupo de no máximo 15 pessoas. Sua tarefa será manter a agenda cheia o ano todo para capturar o valor do tempo disponível, um limitador para a sua atividade.

Um produtor de minhocas (eu compro sempre do mesmo aqui para o meu sítio) vai encontrar os clientes mais fiéis próximo da região em que atua e pode vender para pessoas como eu, que têm dificuldade em manter a própria horta viva, ou para empresas e estabelecimentos comerciais que entendem a importância de ter plantas bem cuidadas para tornar o ambiente mais harmonioso.

Lembre-se sempre de adicionar o custo de envio ao preço final de qualquer produto que você despachar.

Forma de pagamento

A forma de pagamento precisa ser levada em consideração no momento de estipular o preço, porque ela impacta diretamente o seu custo. Maquininhas de cartão cobram tarifas distintas para pagamentos à vista ou a prazo, Pix ou crédito, e é fundamental ter consciência desses custos antes de fechar a sua precificação.

Margem de lucro

Dizem que é por ela que as empresas existem. Eu discordo. O lucro, na visão desta autora, é o prêmio do empreendedor por entregar valor ao cliente. Empresas são feitas para gerar valor. Se isso for bem-feito, então elas serão lucrativas.

A margem de lucro é o valor adicionado ao preço final depois que todos os custos, incluindo o pró-labore da sua pessoa física, já foram contemplados na precificação do produto. Não existe limite para a margem de lucro. A ideia é a seguinte: se os clientes estão pagando e você está mantendo o seu custo baixo, tá tudo certo.

Para elaborar a sua margem de lucro líquida, ou descobrir quanto ela representa hoje do seu produto ou serviço, faça como no exemplo a seguir.

Imagine que a empresa da Joaquina tenha faturado 15 mil reais no mês anterior. Somando os custos variáveis envolvidos na prestação do serviço, como luz, internet, fornecedores externos, e as despesas fixas, como o pró-labore, a guia do Simples, etc., ela teve um total de despesas de 7 mil. Sendo assim, o lucro líquido dela no período foi de 8 mil reais (15 menos 7). Para calcular a margem de lucro líquida, basta dividir o lucro pela receita total e multiplicar por 100. Desta forma:

- **Receita total no mês:** 15 mil
- **Despesa total no mês:** 7 mil
- **Lucro líquido:** 8 mil reais

Margem de lucro líquida: 8 mil / 15 mil x 100 = 53%

E por que saber a margem é importante? Porque ela é que vai responder à pergunta que eu passo a vida ensinando meus pupilos a fazer: tem desconto? Você só saberá a resposta para essa pergunta se tiver precificado – e vendido – de acordo com a necessidade da sua pequena empresa.

Ganhando mais sendo a "líder que cobra metas"

Você achou que ia criar suas metas pessoais e para a empresa e usá-las de enfeite na árvore de Natal?

Nada disso.

Se tem algo que turbina os ganhos de uma pessoa que trabalha por conta própria, é um boletinho para pagar. E que tal se esse boleto forem os sonhos mais selvagens da pessoa física que habita a sua pessoa jurídica?

Pausa para a sua cabeça explodir.

Lembra que eu te disse que, como chefe de si, a sua capacidade de gerar riqueza, valor e, consequentemente, dinheiro é infinitamente maior do que a de um profissional com carteira assinada ou com a estabilidade do funcionalismo público? Pois bem.

Você não pode colocar metas audaciosas para os seus ganhos financeiros quando trabalha para os outros. Não pode simplesmente dizer: "Esse ano meu salário sairá de 5 mil para 15 mil reais."

No entanto, você pode fazer isso sendo a sua própria chefe. Uma das minhas alunas, a Bruna, conseguiu essa proeza.

Até fazer a Jornada da Desfudência, eu nem sabia das minhas dívidas. Tinha algumas pendências lá atrás, mas achava que elas desapareceriam sozinhas. As crenças limitantes em relação ao dinheiro e a falta de conhecimento prevaleciam. Bem, instigada pela Nath, fui verificar meu CPF e descobri que dívidas não somem. Precisam ser pagas, mas podem ser negociadas. Limpar meu nome virou um sonho selvagem. O sonho seguinte seria ganhar muito mais, para poder viajar pelo mundo com meu marido e minha filha. Quem sabe conquistar alguns milhões. Talvez mudar a realidade de mais pessoas com minha história de vida.

Trabalho com vendas, profissão que culturalmente não é lá muito prestigiada. Mas sempre levei jeito para isso. Nasci e cresci em Sericita, interior de Minas Gerais, e desde pequena eu vendia bolinho de mandioca, Avon, Natura, Jequiti, o que me dessem para vender. Éramos muito pobres: meu pai era meeiro e o combinado com o dono da terra era que só ficaria com a terça parte do que produzisse na lavoura. Eu achava injusto, mas não tinha muita voz na família.

Então usei a pobreza como combustível para crescer. Cada "não" que eu ouvia aumentava a minha vontade de dar certo.

Com 17 anos, uma mochila nas costas e 60 reais no bolso, eu me mudei para uma cidade vizinha, Manhuaçu. Para sobreviver lá, trabalhei como faxineira e vendedora de semijoias. As dívidas que acumulei são dessa época: boletos de mercadorias e reposição de estoque. Anos depois, quando descobri que devia bastante dinheiro, negociei com a empresa e fui quitando aos poucos. Já não devo mais nada. Meu nome está limpo.

Sonho selvagem realizado. Agora eu podia me dedicar a pensar em formas de ganhar mais.

Sempre fui muito estudiosa e nunca parei de estudar. Graças a essa minha dedicação, acabei ganhando uma bolsa para cursar Engenharia Civil em Matipó. Do segundo para o terceiro período, apresentei um projeto para a Universidade Federal de Minas Gerais e me mudei para Belo Horizonte.

Morando na capital, mais uma vez precisei me virar, e o talento para vendas sempre me ajudou. Meu primeiro emprego como CLT foi numa empresa que prestava serviços para uma operadora de telefonia. Eu ganhava quase mil reais, mas pedi demissão para trabalhar num projeto de pesquisa que não deu certo. Acabei desempregada, encarando o custo de vida alto em BH. Foi um tempo difícil nível hard, em que trabalhei até como assistente de pedreiro para me manter.

Mas as coisas foram se ajeitando. Iniciei um programa de estágio e em pouco tempo me contrataram. Foi nesse período que fiz a Jornada. Para pagar o curso, trabalhei em uma lanchonete. Aluna da Nath pede aumento, e eu tinha consciência de que ganhava pouco para o que eu entregava. Fiz uma planilha detalhando o meu desempenho e pedi o dobro, dizendo: 'Olhem, pelo que eu entrego, é isso que eu valho.' E não é que dobraram meu salário?

Hoje, mesmo formada, mantive meu trabalho com vendas, que exerço como autônoma. É a minha paixão. Se me perguntam o que eu faço, não digo que sou vendedora. Respondo: 'Sou executiva de negócios de tecnologia.' Vendo soluções tecnológicas voltadas para o mercado B2B, algo muito especializado e bem remunerado.

Graças aos ensinamentos da Nath, fui ajustando minhas despesas aos meus ganhos até conseguir reservar 30% para investir. Também construí uma reserva de emergência para 12 meses. Depois da Jornada da Desfudência, fiz o curso do professor Mira [sobre renda variável] e, inspirada na filosofia de investimento do Luiz Barsi, aporto parte desses 30% em ações de empresas sólidas, para criar uma grande bola de neve. Bem, nos últimos meses não tenho comprado ações, mas por um bom motivo: em 2023 dei entrada no meu primeiro apartamento, que comprei com um desconto de 52 mil reais (oi, Nath, aprendi a pedir desconto com você).

Para dar esse passo, mais uma vez ajustei meus gastos. Uma das coisas que deixamos de fazer foi comer fora. Hoje minha filha leva marmita para a escola e meu marido leva para o trabalho. E aquele sonho de ganhar mais está a todo vapor: como executiva de vendas, hoje tiro cerca de 13 mil reais brutos, entre fixos e comissões. A meta é chegar a 20 mil até o final de 2024. Quando eu ganharia isso como CLT?

Bruna Araújo Souza, 30 anos, executiva de negócios de tecnologia em Belo Horizonte (MG)

O exercício que eu te proponho agora requer que você volte à sua lista de metas para a pessoa física e faça uma avaliação realista de como as metas da sua empresa estão alinhadas a elas.

Se a meta da sua pessoa física for "Ter 1 milhão de reais investidos para me mudar para Portugal até 2028 porque quero a segurança de morar na Europa e comer bacalhau todos os dias" e a meta da sua pessoa jurídica for inexistente, sinto muito, mas não serviu de nada tanto trabalho.

As metas da sua empresa precisam refletir as da sua pessoa física, porque esse é o melhor instrumento de geração de valor e riqueza que você tem nas mãos. Mais do que qualquer investimento que você faça, a sua empresa e a sua capacidade de gerar valor para seus clientes é o seu melhor veículo de liberdade financeira.

Sendo assim, defina quanto você quer faturar no ano. Meta realista, mas ousada.

Pensou?

Então é hora de completar esta frase simples aqui:

"Eu preciso vender _____ produtos/serviços/atendimentos para pagar meu pró-labore, os custos fixos e os variáveis da minha empresa e ainda ter um lucro de _____ reais no ano."

Olha o tanto de informação que você precisa ter para completar essa frase que parece tão singela! Mas a gente já falou sobre tudo isso, você já preencheu as suas planilhas e, a essa altura, estou confiante: você já tem tudo na ponta da língua. Lembrando que:

- O lucro da empresa não é o seu salário. Seu salário é o pró-labore. O que excede é da empresa e você terá direito a retirar a sua parte do lucro depois de garantir o caixa mínimo para a reserva de emergência da empresa e uma gordurinha para novos investimentos, como a compra de um equipamento, a troca de um carro (caso seja uma necessidade da sua atividade), uma viagem para prospectar clientes em outros estados, etc.
- Faturamento não é lucro. Lucro é o que sobra depois que você tiver pagado todas as despesas do seu negócio, inclusive o seu salário.
- O caixa de uma empresa é a garantia de estabilidade em mares revoltos. Quem tem dinheiro guardado sobrevive e volta melhor depois que a maré baixa de novo.

Pode ser que depois de criar a meta de faturamento você entenda que precisa fazer algo mais para chegar lá. Um personal trainer, por exemplo, pode montar grupos de corrida nos fins de semana cobrando 60 reais de cada aluno que se inscrever; uma cabeleireira pode acionar sua rede de contatos e começar a trabalhar em sets de publicidade, que costumam pagar mil reais a diária, e assim aumentar o ganho médio por hora em até 100%; e esses são apenas alguns exemplos. A nossa criatividade é infinita, desde que busquemos repertório dentro das nossas áreas de atuação. A gente só precisa se permitir imaginar.

Se eu tivesse que resumir tudo que você leu até aqui, seria assim: pare de pensar como PPP e passe a pensar como GGG.

PPP = Pequeno, passivo e perdedor
GGG = Grande, gerador de valor e ganhador

"Mas o que quer dizer isso, Nath, minha musa enigmática?"

Passivo é aquele profissional autônomo, freelancer e até alguns CLT que ficam paradinhos esperando o cliente aparecer ou alguém te passar uma tarefa. Não é assim que se cresce. Você só vai melhorar de vida quando se tornar um gerador de valor, ou seja, quando adquirir uma reputação que te permita cobrar o melhor valor justo pelo seu trabalho. Isso se consegue por uma coisa chamada marketing pessoal. Trata-se de deixar claro quais são as características do seu produto ou serviço que preenchem os cinco elementos ARCURI de distinção.

Por fim, mande para bem longe aquela mentalidade de perdedor, de achar que tudo vai dar errado, que o mercado está ruim, que os clientes sumiram, e ligue o modo ação: o que você pode fazer para a situação melhorar? Onde estão as oportunidades e como você pode usar as novas tecnologias para acessar mais clientes dispostos a pagar o preço que você quer cobrar? O foco na solução, e não no problema, é o que vai te colocar no caminho da riqueza. É o que demonstra a história da Natalia Martins, mais conhecida como Natalia Beauty, uma superempreendedora que entrevistei no meu canal. Separei uns trechinhos da nossa conversa aqui.

> A maioria das pessoas fica tentando criar o negócio da vida delas, só pensa no que gosta de fazer ou em qual vai ser a bala de prata. A verdade é que não tem resposta simples. Eu entendi um problema da área da beleza feminina e ofereci uma solução.
>
> O problema era o seguinte: as sobrancelhas das mulheres estavam extremamente padronizadas. Era sempre aquela coisa artificial, marcada, carimbada, muito escura. Minhas clientes me procuravam com fotos de sobrancelhas assim e diziam que

queriam igual. Isso começou a me incomodar. Eu dizia: 'Poxa, você não vai ficar parecida com essa pessoa da foto, eu vou ficar frustrada com o meu trabalho e você, com o resultado.'

Comecei então a pensar em formas de evoluir e de trazer mais tecnologia para essa área da beleza. Foi assim que criei a minha técnica de nanopigmentação, atuando com pigmentos mais suaves e numa camada menos profunda da pele, o que gera um resultado muito mais natural.

Esse é um método semipermanente, que a princípio as clientes rejeitavam porque durava 'só' oito meses. Queriam algo que durasse dois anos. Ora, nesse caso seria uma tatuagem, algo que nunca mais vai sair. Mudei a consciência das pessoas que eu atendia mostrando a elas que oito meses era um tempo ideal porque a pigmentação "desbota" e elas poderão fazer uma nova sobrancelha, preservando a naturalidade.

Saí da bolha, do oceano vermelho, onde todo mundo estava brigando pela mesma coisa e disputando preço, e gerei valor num procedimento que deu um novo status aos profissionais de sobrancelha. Comecei a atender celebridades e o negócio explodiu. De repente, todo mundo queria o natural.

Isso era bonito porque eu não vendia uma beleza que não era da pessoa; vendia a própria beleza dela, realçada. Minhas clientes aprendiam a se achar lindas não só pelo procedimento, mas pelo discurso que envolvia a marca. Quem tem vergonha de vender e medo de cobrar sofre de mentalidade da escassez e não valoriza o próprio trabalho. Eu não me vendo como alguém que faz sobrancelha: eu vendo transformação, autoestima, reconhecimento, beleza real.

Conforme meu trabalho foi ficando mais requisitado e meu tempo mais escasso, aumentei o meu valor por hora e ainda assim continuei atendendo a mesma quantidade de pessoas. A cliente que reconhece o meu trabalho não vai embora. E, se ela

> for, não era mais para ser minha cliente. Porque o cliente também pode puxar você pra baixo, se você permitir.
>
> Por isso eu digo: quem é pequeno tem que gerar cada vez mais valor e parar de brigar por preço. Esse é o caminho para o sucesso.
>
> **Natalia Martins**, empreendedora em São Paulo (SP), cobra 12,5 mil reais por hora para fazer as sobrancelhas de celebridades como Sasha Meneghel e Jade Picon

E se, mesmo depois de ter implementado todas essas providências, você ainda estiver com dificuldades? Pois eu te ensino as quatro perguntas essenciais que vão te ajudar a enxergar a saída:

1. Qual é o maior problema da sua empresa? São as vendas, que estão caindo? É o sistema de gestão, que não atende às suas necessidades? É a sua funcionária número 1, que está enrolada em questões pessoais e negligenciando o negócio? Uma resposta honesta, e a busca de soluções a partir dela, pode salvar a sua empresa. Coloque no papel qual é esse problema principal e comece por ele. Só passe para o próximo depois que este estiver solucionado.
2. Alerta de pergunta que pode ser gatilho. 🚨 Se você pudesse começar o seu negócio de novo hoje, como ele seria? O que você faria mais? O que faria menos? O que eliminaria? O que começaria a fazer a partir de hoje?
3. Esta é para você que pensa grande (desculpa a repetição, mas você realmente tem que considerar isto): O que você precisa fazer para ser a *primeira* opção para o seu cliente? E para ser a *melhor*? E para ser a *única*?
4. Por fim: O que você pode fazer hoje para reduzir drasticamente as despesas da sua empresa e passar a ter mais controle?

CAPÍTULO 11
Estratégia – Parte 3: Investir mais e melhor

Se você fez tudo direitinho, a esta altura está pensando em onde investir seu dinheiro. Você não caiu naquela armadilha em que tantas PJs caem, de achar que tudo que sobra na conta da empresa é da pessoa física. Você entendeu que não é. É bem provável que o banco digital (aquele que não cobra tarifas) onde você abriu as duas contas, a de pessoa física e a de pessoa jurídica, já te ofereça algumas opções de investimento. Talvez isso baste no primeiro momento.

Assim que o seu pró-labore pingar na sua conta, você já vai separar os 30% e direcioná-los para as suas metas aplicando em investimentos que façam sentido para cada uma delas. Da mesma forma, o lucro da sua empresa precisa ficar bem aplicado, para que você possa usufruir ainda mais das vantagens de ser a própria chefe.

Agora vamos ver em quais investimentos sua pessoa física e sua pessoa jurídica devem aplicar.

Pessoa física

Vamos falar aqui daqueles 30% do salário que você separou, ok?

Para começar, o ideal é que pelo menos um terço desse valor seja destinado à aposentadoria. Ainda que você acredite que esse dia está muito distante e que no futuro você vai dar um jeito, acredite: é melhor começar a poupar e a investir hoje para a aposentadoria. Agora mesmo, de preferência – quer dizer, depois que terminar este capítulo.

Poupar para o futuro pode ainda não ser muito natural, mas trago números que talvez te ajudem a entender o que você está perdendo ao não poupar todos os meses e fazer o seu dinheiro trabalhar para você.

Joaquina poderia investir 300 reais do pró-labore todos os meses, mas não faz isso porque acredita que esse dinheiro será muito melhor utilizado em barzinhos, em presentes para os filhos e algumas bobagens que surgem todos os dias, como um lanche aqui, um passeio ali. Ela só gasta. Mas sabe que com um pouquinho de disciplina daria para reservar essa grana para um futuro mais abastado.

O problema é que ela não sabe quão abastado será esse futuro, por não entender duas dinâmicas muito importantes: juros compostos e taxa de juros real.

"Ai, lascou. Eu tô igual à Joaquina. Não sei nada disso, musa do enriquecimento lícito."

Calma, você vai entender.

Juros compostos são a força mágica que age sobre o dinheiro, podendo ser positiva ou negativa, dependendo do lado do jogo em que você está. Aqui no Brasil, cair no cheque especial, por exemplo, é cair na armadilha dos "juros ruins", mas aplicar em renda fixa, CDBs, Tesouro Direto e outros investimentos seguros e simples é estar do lado positivo da força dos juros compostos. (No meu primeiro livro, *Me Poupe!*, você encontra uma explicação detalhada do conceito técnico de juros compostos, mas nosso foco aqui é outro, então vamos em frente.)

Um exemplo para ilustrar a força positiva dos juros compostos. Vamos supor que a Joaquina já tenha conseguido acumular 10 mil reais com muito esforço, mas essa grana está em uma conta-corrente, largada à própria sorte, sem render nada. Depois de tudo que aprendeu aqui, Joaquina acredita que poderia reservar 300 reais todos os meses para seu objetivo de uma aposentadoria mais tranquila daqui a 25 anos. Hoje ela tem 40; logo, terá 65 no final do seu plano. Joaquina sabe que o futuro está distante, mas espera viver muito e sabe que aos 65 terá menos gás para trabalhar. Ela olha para a mãe, que aos 70 está cheia de energia, e para a avó de 93, que requer cuidados especiais, e pensa: *Preciso fazer algo por mim mesma para que meus recursos facilitem a minha vida no futuro e me permitam viajar, estar mais com a família e usufruir de tanto trabalho.*

Os 300 mensais que Joaquina vai desembolsar ao longo dos próximos 25 anos somarão 90 mil reais. Com os 10 mil que ela já acumulou, serão 100 mil reais reservados para a aposentadoria.

Mas quanto Joaquina terá daqui a 25 anos?

Isso vai depender diretamente da capacidade dela de investir melhor, que é a terceira etapa do Método Nathalia Arcuri.

Vamos fazer um cálculo simples desconsiderando a inflação, para facilitar. Se a Joaquina for colocando seus 300 reais mensais, ao longo de 25 anos, em um investimento fraco, que renda em média 6% ao ano – taxa bem parecida com os patamares da poupança nas últimas décadas –, graças à mágica dos juros compostos ela acumulará pouco mais de 200 mil reais.

Nada mau, você pode pensar. Os 100 mil que ela tirou do bolso se transformaram em mais que o dobro do patrimônio inicial.

É aí que mora o perigo de não investir como gente grande.

Se tivesse se esforçado um pouquinho mais para garantir rentabilidades maiores, sem perder a segurança dos investimentos, Joaquina teria conseguido algo em torno de 10% de retorno ao ano, o que elevaria o total acumulado, já descontando os impostos, a inacreditáveis 375.216,12.

Um pouquinho mais de atenção aos investimentos, aliada à força dos juros compostos, vai turbinar o seu dinheiro. O esforço de Joaquina será o mesmo; já o esforço do seu dinheiro será diretamente proporcional à taxa de juros anual que a Joaquina conseguir para os seus investimentos.

Caso você queira se aprofundar no mundo dos investimentos e fazer o seu dinheiro trabalhar como gente grande para você, recomendo fortemente buscar cursos especializados, como os conteúdos do Me Poupe+.

Os dois terços restantes (daqueles 30% que você reservou do seu salário, lembra?) serão utilizados para as metinhazinhas, metinhas, metas, metonas e metonazonas e podem ser investidos em aplicações diversas, considerando prazo, vencimento e liquidez, ou seja, a facilidade para vender esses ativos em caso de necessidade.

Os principais investimentos utilizados para turbinar as metas:

Categoria Renda Fixa (mais segura)

- Tesouro Direto: quando você empresta dinheiro para o governo e recebe de volta com juros após um período combinado. É o investimento mais seguro que existe hoje.
- CDBs, LCs, LCIS e LCAs: quando você empresta dinheiro para instituições financeiras emprestarem para outras empresas ou pessoas e recebe essa grana de volta com juros. Nessas aplicações, o seu dinheiro estará 100% protegido pelo Fundo Garantidor de Créditos (FGC) até o limite de 250 mil por CPF e por instituição financeira.
- Debêntures: quando você empresta dinheiro para empresas realizarem obras de infraestrutura, principalmente. O seu dinheiro não fica protegido, mas a rentabilidade pode ser mais interessante.

Categoria Renda Variável (bolsa de valores, mais arriscada)

- Ações: você compra um pedacinho de uma empresa listada na bolsa de valores e se torna sócia, podendo vender essa ação por um preço mais alto no futuro ou receber os lucros da empresa proporcionais à sua participação, os dividendos. Os preços podem subir ou cair de acordo com o mercado. Não adianta tentar adivinhar quais papéis vão subir e quais vão cair: é preciso estudar.
- Fundos Imobiliários (FIIs): você se torna dono de um pedacinho de uma empresa que é proprietária de imóveis como lajes corporativas, shopping centers, faculdades, etc., e recebe aluguéis mensais, além da possível valorização da sua cota no futuro. Os preços podem subir ou cair de acordo com o mercado.
- ETFs: são fundos de índices, um jeito simples de comprar pedaços de várias empresas que compõem uma cesta, como o Ibovespa. Quem tem 200 reais em um ETF de Ibovespa, por exemplo, tem um pouquinho de cada uma das 65 empresas que compõem o

índice e são reconhecidas por serem as maiores empresas da bolsa de valores brasileira, a B3. Os preços podem subir ou cair de acordo com o mercado.
- Fundos de renda variável e multimercado: são como condomínios recheados de ações de empresas, no caso dos fundos de renda variável, e diversificados entre renda fixa e renda variável, caso dos fundos multimercado. Os preços podem subir ou cair de acordo com o mercado.
- Criptomoedas: chegaram mais recentemente no universo de investimentos de risco e consistem em reservas de valor a partir de projetos conectados a tecnologias disruptivas. Só não é mais arriscado do que empreender.

Ainda existem estruturas mais complexas, como opções, mercado futuro, fundos cambiais, fundos de ouro, etc. Você pode estudá-las futuramente caso se interesse.

Pessoa jurídica

Pre-pa-ra, que agora é hora do show dos poderosos!

É importante que você entenda que o maior ativo que você tem é a sua empresa. Nada tem mais potencial de valorização e geração de riqueza e dinheiro do que o seu negócio próprio. E, como as possibilidades de retorno são proporcionais ao risco, todo dinheiro empregado nele é um investimento muito arriscado. Mas, ao contrário de investir em uma empresa listada na bolsa, sobre a qual você tem pouca ou nenhuma interferência, esse investimento, se bem-feito e planejado, pode te trazer retornos gigantescos.

Imagine a Joaquina, que colocou 2 mil reais de capital inicial na empresa de bolos de casamento dela e hoje, 10 anos depois, soma 500 mil reais faturados nesse período. Nesses anos todos, os custos dela foram de 300 mil (incluindo o pró-labore, que começou em 1 mil reais e hoje é de 5 mil).

Sabe quando Joaquina teria um retorno de quase 10.000% (198 mil reais de lucro em 10 anos) sobre um ativo sem depender de uma dose cavalar de sorte?

Nunca.

Por melhor investidora que ela fosse, por melhor que fosse seu método, nada multiplicaria o seu potencial de crescimento como o próprio potencial.

É por isso que quando se fala em investimentos para autônomos não podemos ficar presos à caixinha dos ativos tradicionais, como CDBs, LCIs, ações. Não que eles devam ser desconsiderados, mas repito: o maior ativo a ser considerado é o seu negócio e você como profissional.

Então, de um jeito bem prático:

A reserva de emergência do seu negócio pode ficar bem protegida e rendendo conforme a taxa Selic, a taxa básica de juros, em um CDB de liquidez imediata que pague no mínimo 100% do CDI. O CDI nada mais é do que a taxa que os bancos usam para emprestar dinheiro entre si.

Agora vamos conversar sobre outra reserva...

A reserva de investimento

Um termo novo no seu vocabulário de chefe! A reserva de investimento, que pode ficar no mesmo tipo de aplicação que a de emergência, é aquele dinheiro separado para a troca de um carro usado para transporte de materiais, a compra de um equipamento ou maquinário que vão te permitir ampliar a sua produção, a contratação de um freelancer para fazer o seu site ou dar um tapa nas suas redes sociais de tempos em tempos. Ela pode inclusive ser usada para um curso de capacitação na sua área, como uma técnica nova de massagem, uma especialização em design usando inteligência artificial ou um evento de networking poderoso onde você vai ficar mais perto de clientes em potencial. Não há uma porcentagem ideal para essa reserva, depende de cada um.

A Patrícia, minha aluna na Jornada da Desfudência, está fazendo tudo direito e não por acaso hoje é uma empresária de sucesso. Ela conta a seguir um pouco de sua história.

Durante 15 anos eu trabalhei numa óptica e cheguei ao cargo de gerente comercial. Era registrada em regime de CLT e tinha um bom salário. Meu esposo também tinha um emprego fixo, mas nós achávamos que podíamos ganhar mais, que a vida era cheia de oportunidades que a gente podia aproveitar. Ele, mais do que eu naquele momento, tinha uma veia empreendedora forte e decidiu vender camisetas on-line para aumentar a renda. O negócio foi dando certo, e teve um mês de dezembro em que vendemos muito. Entendemos que existiam outras formas de ganhar bastante dinheiro e começamos a pensar se não haveria outro produto ainda mais rentável que camisetas. Havia.

Um dia, procurando itens para decorar a nossa casa, vimos uns pufes numa loja. Eu tive um estalo. Era um produto com preço bom, bonito e útil. Fiz uma pesquisa em alguns marketplaces, tipo Mercado Livre, e achei que podia dar muito certo. Em vez das camisetas, passamos a vender pufes. Batizamos nossa empresa de Mercadão dos Puffs.

No começo, apenas comprávamos e revendíamos os pufes, e começou a dar muito certo. Logo ficou claro que um de nós teria que sair do emprego para dar conta de todas as demandas da loja. Por razões diversas, decidimos que meu esposo pediria as contas e eu continuaria no meu trabalho. Sou uma pessoa muito conservadora e naquele momento ainda tinha receio de me demitir, mesmo com a loja dando tão certo.

Foi aí que a Nath entrou na minha vida. Ela me mostrou que, se eu tivesse uma reserva de emergência, me sentiria mais segura para deixar o emprego. Lembro que a Nath falava que, se a gente não atravessasse o rio, jamais saberia o que tem do outro lado. Foi uma supervirada de chave. Quando consegui juntar uma reserva de seis meses do meu salário, tomei coragem e saí para me dedicar exclusivamente à loja. Isso foi em 2022.

Comigo e com meu esposo à frente do negócio, crescemos

mais de 300% em um ano. Esse crescimento foi o impulso de que a gente precisava para montar uma fábrica. Contratamos gente que sabia fazer e investimos muito do que tínhamos lucrado num espaço para montar os pufes. Meu marido é ótimo no contato com os fornecedores, zela pela matéria-prima, pela qualidade do produto. Hoje compramos tudo pré-fabricado, montamos internamente e continuamos vendendo apenas on-line, porque o resultado é ótimo.

Nossa empresa é muito organizada e não tem dívidas. Meu esposo e eu definimos nosso pró-labore e vivemos desse salário. Todo o restante é reinvestido na compra de maquinário e equipamentos para melhorar a produção. No final do ano, separamos dinheiro para viagens, para proporcionar coisas boas à nossa família. Eu tinha uma crença limitante de que rico é vilão e ter dinheiro é errado, mas a Nath ajudou a tirar isso da minha cabeça. Hoje eu entendo o tanto de coisas boas que o dinheiro pode trazer.

Nosso pró-labore foi aumentando, mas a gente não se deslumbrou e continua vivendo do que ganha. Só compro o que posso pagar. Não faço dívidas. Minha empresa tem reserva de emergência, assim como nossas pessoas físicas.

Hoje temos 30 funcionários e o ápice do nosso sucesso até agora foi quando a Globo comprou nossos pufes para uma produção. Atendemos muitas empresas grandes. E pensar que se eu tivesse mantido meu emprego CLT nada disso teria acontecido. Quero ser a referência em pufes, da mesma forma que a Nath é referência em finanças pessoais.

Patrícia Carvalho, 36 anos, é sócia da empresa Mercadão dos Puffs, em São Paulo (SP)

A Patrícia entendeu a importância da reserva de emergência da empresa e de investir no que tem mais retorno. Hoje ela usufrui do que conquistou.

Lembro da sensação maravilhosa de sacar os meus primeiros dividendos da Me Poupe!, ou seja, a parte do lucro que "sobra" depois de montar a reserva de emergência e de fazer investimentos para a empresa. Isso foi dois anos depois da difícil decisão de largar o crachá e me aventurar nesse mar que tanto diziam que era revolto – e é mesmo, mas não significa que seja ruim.

CAPÍTULO 12
Estratégia – Parte 4: Nunca parar de se aperfeiçoar

Sabe a funcionária número 1 da sua empresa, aquela que acumula o prêmio de funcionária do mês todos os meses? Mais conhecida como você mesma? Pois a empresa que a contratou precisará que ela se mantenha sempre antenada. E mais: que desenvolva novas habilidades o tempo inteiro. Sim, você nunca mais vai ter a possibilidade de se acomodar. Se um dia esteve na zona de conforto, pode esquecer. Como chefe de si mesma, você terá que trabalhar no seu aperfeiçoamento contínuo. É isso que vai garantir o seu lugar no mercado (caso esse seja o seu objetivo) ou te impulsionar para crescer e conquistar novos espaços (se for a sua vontade). Dá trabalho? Dá. Mas vou te contar uma coisa: abre a nossa cabeça de um jeito que a gente nunca mais vai se conformar com merreca. Vai sentir um prazer e uma alegria imensos com suas realizações. Vai valer a pena, e isso eu posso garantir. Pronta?

Até hoje, quando me perguntam o que mais fez diferença no sucesso da minha empresa, as pessoas esperam uma resposta simples e direta, como "resiliência" ou "o produto certo". Quem me dera fosse simples assim.

Trazendo novamente o mar revolto como analogia, é como esperar que um bom barco garanta uma travessia segura e tranquila.

A verdade é que a marinheira desse barco responde por 99% da garantia de sucesso. O outro 1% é o fator sorte.

Um marinheiro precisa de horas de navegação acumuladas. Precisa conhecer as técnicas de como enfrentar tempestades, saber a posição certa do barco quando as ondas forem muito fortes, a disposição do peso dentro dele, entre outras coisas que a minha sabedoria limitada no mundo náutico não me permite elaborar.

Mas eu sei alguma coisa sobre as habilidades necessárias para que você, chefe de si, consiga atravessar qualquer tempestade e chegar aonde quiser.

Soft skills, hard skills

Algumas habilidades dependem de fatores comportamentais; são as *soft skills*, ou habilidades suaves em tradução literal. Outras dependem de conhecimentos técnicos, disponíveis em cursos, livros, canais do YouTube, mentorias, etc.

Fiz uma lista das competências mais necessárias para preparar marinheiras e marinheiros empreendedores e chefes de si.

Fatores comportamentais (*soft skills*)	
Resiliência	Para se levantar depois de cada tombo, sobreviver às crises e, quando necessário, mudar de rota, perfil de cliente, método de vendas ou produto.
Capacidade de inovação	Para criar produtos e serviços incríveis e diferentes.
Cara de pau	Para oferecer os produtos quando eles ainda não estão tão incríveis assim e bater na porta (ou na rede social de alguém) oferecendo uma parceria.
Disciplina	Para fazer todos os dias a mesma coisa durante muito tempo, obtendo resultado a conta-gotas.
Boa gestão de tempo	Para poder viver, estar perto da família e se divertir além de trabalhar.
Curiosidade	Para fazer as perguntas que importam ao maior número possível de pessoas e aprender enquanto faz.
Empatia	Para entender o cliente, a família e a si mesmo e entender que tá tudo bem falhar e que os outros falham também.

Liderança	Para tomar decisões sem ter todas as informações e levar todo mundo com você.
Coragem	Para ser o primeiro ou o único a propor algo que nunca foi feito.
Responsabilidade	Para assumir os resultados do seu negócio, sejam bons ou ruins, e não culpar os clientes, o banco ou os concorrentes quando algo dá errado.

Fatores técnicos (qualquer ramo de atuação)

Marketing e comunicação	Para que o seu produto ou serviço seja visto como único e passe a ser desejado pelo maior número de pessoas, inclusive por quem já o consumiu.
Mídias sociais e marketing digital básico	Para entender quais são as ferramentas disponíveis para atender melhor, vender mais depressa e reduzir o tempo com produção de conteúdo e vendas on-line.
Ferramentas de gestão para MPE (micro e pequenas empresas)	Para poder cuidar apenas do que é necessário e deixar as ferramentas fazerem o trabalho difícil e chato (para quem acha chato, como eu).
Conhecimento básico de finanças	Você é autônomo. Sua firma precisa ganhar mais do que gasta e investir bem o que sobra para multiplicar o resultado. Simples assim.
Ferramentas de inteligência artificial	Para a criação da logo, postagens para as redes sociais, gestão de agenda, geração de imagens, atendentes virtuais. É bom saber pelo menos o básico, para conseguir usar quando necessário e poupar tempo e dinheiro.
Ferramentas de gestão de tempo	Se organizar direitinho, todo mundo ganha. Você vai precisar das ferramentas de gestão de tempo até mesmo para dar um tempo para você respirar no meio do dia.
Conhecimento básico de contabilidade e tributação	Para poder cuidar da gestão contábil e tributária, economizar no que for possível e contratar um bom serviço de contabilidade.
Marcas, patentes e domínios	Para registrar tudo que está no nome da sua empresa e não correr o risco de um concorrente tomar o que é seu.

Pelo tamanho das listas, você já entendeu que não basta ser bom em tratar cáries ou fazer bolo de pote, né?

E eu sei quanto essa lista pode parecer assustadora e quanto você pode se sentir despreparada ao deparar com ela, mas lembre-se de que fizemos um combinado lá no começo do livro. Eu te ajudo com o caminho, você se ajuda com a perseverança e a execução, um passo de cada vez.

E a boa notícia: você não precisa ser excelente em tudo. Basta ter alguma noção para encontrar as pessoas excelentes que podem te ajudar.

Hard skills

Vamos iniciar pela parte técnica. Já vou avisando que, mesmo começando agora, você já vai entrar de cabeça no mundo digital.

Não importa qual seja seu ramo de atuação, você se beneficiará, e muito, de ferramentas para fazer o gerenciamento do seu negócio, controlar o fluxo de dinheiro, se comunicar com seus clientes, turbinar seu marketing digital e suas mídias sociais. No caso de finanças e gestão, com essas ferramentas você apenas lançará as informações necessárias no programa e ele cuidará do trabalho pesado. Se você for como eu, que tenho alergia à parte burocrática da vida de autônomo, são uma mão na roda. Muitas oferecem gratuitamente as funcionalidades de que você vai precisar na primeira fase da sua vida de MEI – falaremos mais sobre essa sigla no próximo capítulo. As principais ferramentas que eu recomendo são estas:

- **ERP Lite Free.** ERP é a sigla em inglês para Planejamento de Recursos da Empresa. Esta é uma ferramenta bem conhecida, consolidada e eficiente. Costuma ser paga, mas a versão gratuita é mais do que suficiente para pessoas que têm um pequeno negócio ou estão começando. O ERP Lite vai ajudar você a analisar e a gerenciar todos os "departamentos" da sua empresa: como anda o seu estoque, quem ainda não acertou com você as entregas do mês passado, os pedidos que você já tem para o mês seguinte, etc.

- **Trello.** Muito útil para controlar projetos e prazos e organizar o fluxo do trabalho. As tarefas são classificadas nas categorias "Em aberto", "Em andamento" e "Concluída", com cartões e cores para você acompanhar tudo que está acontecendo no seu negócio. É gratuita, ainda que algumas funcionalidades só sejam liberadas mediante pagamento.
- **QuickBooks.** É uma ferramenta simples para cadastrar clientes, gastos, receitas e despesas, salvar comprovantes e outros documentos e até mesmo emitir boletos (esta é uma funcionalidade paga). É possível fazer tudo pelo aplicativo ou pelo navegador.
- **Dropbox.** O plano gratuito de até 2 GB permite compartilhar arquivos com seus clientes de modo seguro, simples e rápido. Pode ser instalado em qualquer dispositivo.

Qualquer profissional autônomo pode fazer uso de ferramentas de marketing digital para ampliar o alcance de seu negócio. "Até psicólogo, Nath?" Claro, por que não? Um psicólogo pode criar um canal no YouTube para produzir conteúdo sobre saúde mental, escrever textos para sites, blogs e webinars, recorrer ao e-mail marketing e até mesmo anunciar em sites frequentados por seu público-alvo.

Para aqueles que desejam investir em mídia paga e aumentar a visibilidade, furando bolhas e atingindo novos públicos, é importante ter uma presença digital forte, o que nos leva aos bons e velhos sites.

Criar o próprio site não é muito caro – você pode contratar uma empresa para montar o seu ou assistir a um bom tutorial e aprender a fazer (e, quem sabe, começar a vender a confecção de sites depois, que tal?). Caso decida fazer você mesma, vale dizer que terá que desembolsar algum dinheiro (pouco, menos que um serviço de assinatura de streaming) para contratar a hospedagem do site, ou seja, a empresa que vai mantê-lo no ar 24 horas por dia, e pagar pelo domínio, que é o algumacoisa.com.br ou algumacoisa.com. Se a ideia nesta fase for criar algo bem simples, você pode usar plataformas como a WordPress, que é muito amigável.

Uma vez que você tenha um site, o **Google** será um grande amigo seu, pois possui várias ferramentas para ajudar na organização de agendas, em elaboração e armazenamento seguro de documentos sensíveis, formulários, imagens, etc.. São todas fáceis de usar. A plataforma de anúncios **Google Ads** permite aumentar o fluxo de pessoas que encontram seus anúncios e, consequentemente, aumentar também as vendas. O **Trends** indica quais assuntos estão em alta em determinado momento entre os seus possíveis clientes. O **Analytics** mede o número de visitantes no site, as páginas mais acessadas e as palavras-chave mais buscadas – informações estratégicas para o seu negócio. O **Meu Negócio** permite cadastrar informações da sua empresa para que elas apareçam nas buscas e no **Maps**. Isso sem falar nas funcionalidades que você provavelmente já conhece, como o **Docs** (ferramenta de texto parecida com o Word), a **Agenda**, planilhas, apresentações, etc.

Se produzir conteúdo é difícil para você, conte com as ferramentas de inteligência artificial para um primeiro esboço e depois aperfeiçoe dando ao texto o seu tom de voz. O ChatGPT muito provavelmente lhe dará respostas razoáveis a pedidos como "Crie um texto vendedor para eu anunciar meus serviços de reiki" ou "Como posso convencer um cliente a usar a minha oficina mecânica e não outra oficina qualquer?". É preciso ser o mais específico possível para que o texto te dê bons resultados. Por exemplo, em vez de "Crie um texto para eu anunciar meus serviços de reiki", peça "Crie um texto vendedor de tom formal e cerca de 200 palavras para eu anunciar num jornal de bairro meus serviços de reiki. O texto deve contar as informações a seguir...".

Já que estamos falando em ferramentas, quero deixar aqui uma que me ajudou muito a organizar o ativo mais valioso da vida de qualquer autônomo: o tempo (sim, sua funcionária número 1 vai me agradecer). Sendo autônoma do tipo CEO e com mais umas 12 jornadas na vida, sei que esse é um ativo escasso e, muitas vezes, mal utilizado. A gente sabe que algo não vai bem com o nosso uso do tempo quando o dia acaba e vem aquela sensação de "Mas eu não fiz nem metade do que precisava!".

Milhões de livros sobre gestão do tempo já foram escritos, mas aqui, resumidamente, vou te contar como *eu* resolvi esse problema. Acesse o link bit.ly/livrochefedemim e baixe a minha **Roda do Tempo**, a ferramenta que me ajudou a viver melhor as 24 horas do meu dia.

Baixou? Agora imprima duas cópias da Roda do Tempo. Pinte a primeira indicando como você gostaria que fosse o seu dia (a famosa "expectativa") e a segunda mostrando como é (a famosa "realidade"). Use cores diferentes para categorias como trabalho/renda extra, estudo, família e relacionamentos, diversão, dormir e cuidado pessoal – aquele tempo na academia entra aqui. Comece pelo que é mais importante para você. Para mim, é dormir; se a gente não dorme bem, o resto do dia é puxado.

Compare as duas rodas. Pela minha experiência, elas costumam ser bem diferentes, quando o desejável é que coincidam. Vamos cuidar disso agora com estes pequenos passos:

- Em vez de pensar em dias, pense em termos da semana. Isso porque a maioria das pessoas pensa no tempo de segunda a sexta como aquele período chato, de muito trabalho, pouca diversão e pouco contato com gente querida, e reserva as coisas boas da vida para o sábado e o domingo. Aí domingo à noite é aquela deprê! Não precisa ser assim. Você pode tomar um vinho na segunda, namorar na terça, jantar com a família na quarta, ir à academia segunda, quarta e sexta... Distribua tarefas e prazeres ao longo dos sete dias da semana, e não só ao final dela.
- Trate o tempo dedicado ao trabalho como tempo dedicado ao trabalho. O tempo com a família não deve ser tempo de trabalho. Viva o momento presente.
- Isso inclui desligar as notificações do celular. Há estudos mostrando que, cada vez que interrompemos uma atividade para conferir quem nos mandou mensagem, levamos em média DEZ MINUTOS para retomar o que fazíamos do ponto onde paramos. Isso derruba a nossa produtividade. Em geral, deixo o celular no silencioso e checo as mensagens nos intervalos em que não tenho atividades programadas. Ah, e se acontecer alguma coisa importante nesse meio-tempo? Bom, se for importante mesmo, vou acabar sabendo de outra forma. Às vezes é difícil não cair na tentação de dar uma espiada no celular para ver se aconteceu algo, como está o mundo nas redes sociais... Mas isso nos distrai e representa uma enorme perda de tempo.

Soft skills

Quanto às habilidades comportamentais... bem, não tem ferramentas para instalá-las, mas você vai precisar muito delas. Algumas você já tem; outras, precisará desenvolver.

Você se relaciona bem com pessoas? Organiza bem coisas e ideias? Tem olho bom para recrutar gente que vai te ajudar quando chegar a hora de crescer, caso você queira crescer? Consegue pedir ajuda quando a situação se complica?

Pois é, seu funcionário ou sua funcionária número 1 precisará ter tudo isso, e mais aquelas do quadro.

E também precisará saber vender, algo que você vai exercitar muito.

Tem uma coisa muito importante quando se trata de pôr um preço no nosso trabalho: precisamos perder o medo de vender o que fazemos. Sem isso, não vai dar certo. E se você já pensou "Não sei vender, não é pra mim", fica um pouco mais difícil. Eu vou te mostrar que você vende bem e já vendeu, inclusive sem ganhar nada por isso.

Continua aqui? Que bom! Porque eu tenho uma boa notícia. É bem provável que você saiba vender – apenas não percebeu isso.

Alguma vez na vida você já convenceu uma pessoa a assistir a uma série de TV? A comprar uma roupa que ficava muito bem nela? Se fez isso, parabéns: você sabe vender. Só precisa praticar com o seu próprio produto ou serviço.

No meu caso, quando comecei as Jornadas da Desfudência, eu pensava: o que havia de mau em vender uma mentoria que poderia tirar as pessoas do endividamento e transformá-las em investidoras em três meses? O que havia de mau em conectar a marca Me Poupe! com algum produto ou serviço que traria benefícios ao público que me acompanhava? Nada! É assim que você deve pensar ao vender o seu produto ou serviço, seja uma marmita, uma sessão de terapia ou um conserto de pneu: você é o vendedor, e isso não é pecado! Quanto mais você vende, mais valor agrega aos seus clientes, mais você ganha, mais contrata, maior o seu impacto na sua comunidade, no seu país, no mundo! É ou não é? Então pode tratar de ir mudando a sua mentalidade sobre o que você vende. São aulas de inglês? Na verdade, o que você vende é o acesso a um mundo novo e maravilhoso que pode ser acessado quando se fala esse idioma. Vende terapias florais? Não!!! O que você vende é bem-estar! Cursos on-line de finanças pessoais? Não, é muito mais! Eu vendo a possibilidade de uma vida nova, que está ao seu alcance se você seguir o que eu proponho nas aulas.

Agora é a sua vez:

O QUE VOCÊ VENDE?

_____

_____

_____

Releia o que eu escrevi há pouco. Reformule a sua resposta habitual. Você vende muito mais do que acha que vende e jamais deve se envergonhar de deixar isso claro para o seu cliente. Lembre-se: nenhuma compra é 100% racional. Os clientes compram nossos produtos ou serviços com a emoção. Precisamos encontrar maneiras de chegar ao coração deles. Reescreva essa resposta quantas vezes for necessário, mostre-a para as pessoas que te conhecem bem e não se contente com menos do que a resposta mais maravilhosa e sedutora que você é capaz de produzir.

Tenho mais uma pergunta. Responda com honestidade:

QUANTO VOCÊ PAGARIA PELO SEU PRODUTO OU SERVIÇO?

_____

Reflita sobre isso. Se você acredita que pagaria mais pelo seu produto ou serviço, vale a pena pensar no valor que está entregando aos seus clientes, mas que talvez não esteja conseguindo comunicar.

Agora, se você acha que seu produto ou serviço vale menos do que o preço que tem cobrado, talvez você precise escutar por que seus clientes pagam o seu preço. É comum encontrar pessoas que acreditam que seu produto não vale o que é cobrado e se sentem quase culpadas pelo dinheiro que recebem. Se esse é o seu caso, recomendo fortemente que tenha conversas abertas e muito honestas com pelo menos três clientes. Pergunte por que eles compram de você, o que faz com que voltem e que motivo os impediria de te trocar pela concorrência. Você vai descobrir que gera mais valor do que imagina.

CAPÍTULO 13
O caminho da reputação: formalizando a sua empresa

Perdi as contas de quantas pessoas já me abordaram na rua perguntando se valia a pena abrir uma empresa para realizar a atividade autônoma. Vou colocar aqui em detalhes o que nem sempre dá tempo de responder nessas breves conversas.

Qualquer que seja a sua área de atuação, garanto que, se você se formalizar, a vida vai melhorar. Nos últimos anos foram lançadas algumas modalidades de formalização que atendem a todos os tipos de atividade e ganho, estabelecendo deveres mas também garantindo direitos que você não acessa a não ser que tenha um CNPJ.

Formalizar-se, como já expliquei, é um indicativo de profissionalismo e comprometimento. É a sua porta de entrada para a reputação e a autoridade. Pense como um cliente. Em qual você confia mais e por qual aceita pagar um preço maior: o brigadeiro vendido na porta do ônibus ou o chocolate embalado vendido no supermercado?

O CNPJ e a possibilidade de emitir notas fiscais são o meio-termo entre esses dois mundos. Com logomarca, empresa cadastrada na prefeitura e rede social própria você ganha pontos com o consumidor.

A maioria das empresas sérias só vai contratar como fornecedor quem tiver um CNPJ e possa emitir notas fiscais, e você, autônoma(o) que está enriquecendo só de ler este livro, não vai querer ficar fora dessa. Então pega um café, senta numa poltrona confortável e vamos pensar juntos no melhor jeito de se tornar uma pessoa jurídica.

MEI é a sigla para microempreendedor individual. É uma categoria para empresas, ou seja, pessoas jurídicas, que o governo federal criou em 2008 para incentivar a formalização do trabalho de autônomos e pequenos empreendedores. São negócios pequenos – atualmente, o faturamento anual não pode passar de 81 mil reais, o que dá 6.750 reais por mês. Quando se cadastra como MEI (é de graça), você ganha um CNPJ e, com ele, acesso a aposentadoria por idade e por invalidez, auxílio-doença, licença-maternidade e outros benefícios (mas não férias e décimo terceiro; direitos trabalhistas estão fora da jogada). Para os autônomos, pode ser muito vantajoso ser MEI, pois a tributação é muito menor que para pessoa física. Para conseguir todos esses benefícios, basta pagar em dia a contribuição mensal (DAS) e cumprir um prazo de carência, que pode variar. Para pedir a licença-maternidade, por exemplo, é preciso ter pagado 10 contribuições mensais ao INSS e estar em dia. Para solicitar auxílio-doença, é necessário um histórico de 12 pagamentos. O recolhimento atual não chega a 100 reais por mês, e essa taxa não se altera mesmo que você passe a ganhar mais, a não ser que extrapole aquele limite anual de 81 mil reais. É uma grande vantagem em relação à categoria seguinte, que é a do Simples Nacional, em que o empreendedor é tributado com base em seu faturamento. No entanto, se você deixar de recolher a taxa, além de haver a possibilidade de cancelamento do seu MEI, você ainda pode comprometer o recebimento dos benefícios.

Um MEI pode emitir notas fiscais pelos serviços prestados, embora não seja obrigado. É a profissionalização que eu tanto defendo, e que faz você se diferenciar no mercado. O MEI também pode requerer linhas de crédito do governo com taxas especiais e participar de licitações. Olha que bacana: mesmo quem é CLT pode ter cadastro como MEI para fazer renda extra e, quem sabe, começar a testar suas possibilidades como autônomo ainda com a segurança da carteira assinada. Só que, se você for dispensado, não terá direito ao seguro-desemprego (procure se informar em detalhes sobre questões como essa antes de ser MEI enquanto trabalha como CLT). O MEI pode contratar até um funcionário e é bom ter uma maquininha de cartão, o que facilita muito a vida do seu cliente. O ideal é ter a sua maquininha cadastrada no seu CNPJ de MEI, e não no CPF de pessoa física. (Nem preciso explicar por quê, certo? Lembre da reputação e profissionalização.) Na hora de escolher a sua, é bom comparar marcas, taxas e prazos para recebimento.

E se você faturar mais do que os 81 mil reais? Bem, nesse caso, está na hora de crescer, até porque você não poderá mais ser MEI e vai subir de nível no game do empreendedor (e do fisco também). No ano em que "estoura" esse valor, se o total a mais for de até 20%, o MEI recolhe os tributos sobre esse excedente com base na porcentagem do faturamento e no ano seguinte terá que mudar de categoria. Obrigatoriamente terá se tornado ME, isto é, microempresa. Se o excedente for superior a 20%, sinto muito, mas será preciso voltar a janeiro daquele ano e recolher tudo como microempresa, pagando inclusive multa. Mas há outros fatores que podem obrigar você a se tornar ME: a necessidade de ampliar a equipe além dos limites permitidos ao MEI, uma mudança na atividade (pode ser que essa nova área não conste da lista de atividades permitidas ao MEI, o que você consulta no site www.gov.br/empresas-e-negocios/pt-br/empreendedor/quero-ser-mei/atividades-permitidas) e a eventual decisão de ter um sócio (aí você deixa de ser microempreendedor *individual*, certo?). Qualquer que seja o motivo, você terá que fazer o desenquadramento no site da Receita Federal.

Importante: uma vez que você seja ME, precisará de um contador, porque a burocracia aumenta consideravelmente. Mas sem choradeira, porque é sinal de que você está crescendo e prosperando. Essa mudança de situação também precisa ser comunicada à Junta Comercial, à prefeitura da sua cidade, à Fazenda estadual, se você vender produtos, e à Receita Federal.

Embora a categoria de MEI seja muito menos burocratizada, ainda pode dar confusão se você não tiver alguns cuidados. Quem abre esse tipo de microempresa está dispensado de ter um contrato social, mas precisará emitir um Certificado da Condição de Microempreendor Individual, o CCMEI. Esse documento simples atesta a situação cadastral da sua empresa e é emitido logo que você finaliza o seu cadastro. Imprima e deixe essa cópia sempre à mão. O MEI não precisa de um contador, mas pode valer a pena contratar um para evitar perder prazos, não esquecer as obrigações desse tipo de empresa e até para ter mais facilidade no momento de fazer uma transição para microempresa. Uma alternativa mais acessível são ferramentas de contabilidade on-line que cobram assinaturas mais baratas que os honorários de um contador.

CAPÍTULO 14
Crescer ou não crescer, eis a questão

Chegou um momento na minha pequena empresa em que eu sozinha já não dava conta do tamanho das minhas metas.

Eu queria impactar muito mais gente, produzir muito mais conteúdo, estar muito mais perto da minha família e construir um negócio que pudesse caminhar com as próprias pernas. Lembro-me como se fosse hoje da conversa que tive naquela época com meu ex-marido. Ele tentando me persuadir a continuar pequena, com estrutura simples; eu pronta para conquistar o planeta e fazer o Método N. A. ser conhecido e utilizado por milhões de pessoas mundo afora.

A ponderação sobre a complexidade de uma estrutura empresarial é válida. Eu sei que, ao me desencorajar do crescimento, ele estava olhando para as próprias dores de empreender e temia que eu passasse pelas mesmas angústias. De certa forma, ele estava certo. Crescer dói. Montar times é uma arte, e lidar com pessoas, uma grande aventura.

Fui pelo meu coração e escolhi crescer. Assim, em menos de quatro anos minha empresa passou de uma estrutura enxuta de 9 para 130 pessoas e de um custo fixo de 200 mil reais por mês para 3 milhões. Foi um crescimento desordenado, que tempos depois me fez voltar atrás e enxugar nossa operação. O recuo aconteceu em janeiro de 2023.

Essa foi, sem dúvida, a decisão mais difícil porém mais acertada que eu já tomei na minha jornada empreendedora. Posso dizer que fiz um MBA, aquele curso que prepara gestores para negócios, na vida real.

"Nath, você tá dizendo que é melhor eu não crescer, então?"

Nada disso. Eu estou dizendo que crescer não é um mar de rosas e é por isso que você precisa daquelas habilidades comportamentais e técnicas necessárias, além de excelentes parceiros que complementem os seus talentos e tornem a sua vida mais fácil.

Se tudo correr bem, e eu espero que corra, pode chegar um momento em que você terá que tomar a mesma decisão complexa que precisei tomar: crescer ou não crescer?

Digamos que você seja um criador de sites. Os sites que você desenvolve são tão bonitos, funcionais e amigáveis que seus clientes dão seu nome sempre que alguém lhes pede recomendações. Você já está trabalhando 15 horas por dia e não consegue aceitar mais um cliente sequer, sob pena de ter um burnout, então pensa em recusar. Ou pode surfar no sucesso e decidir que é hora de transformar sua empresa de um funcionário só em uma agência de conteúdo ou em uma startup. O que acontece então?

Nesse momento, são os seus sonhos e metas futuros e as suas necessidades atuais que vão ditar os próximos passos. Se o nosso amigo desenvolvedor estiver feliz com o dinheiro que ganha, se o custo mensal do seu único funcionário for baixo e ele tirar um lucro bom no final do ano para turbinar suas metas pessoais, podemos dizer que suas necessidades humanas estão sendo atendidas. Ele viaja duas vezes por ano, passa tempo de qualidade com as pessoas de quem gosta e ama o que faz. Nesse caso, não tem por que pensar em crescer.

Eu sei que isso pode parecer o oposto do que você vê nas redes sociais, nas capas das revistas e nos posts de gurus do empreendedorismo. Mas vai por mim, nenhum deles estará do seu lado quando você perceber que abriu mão de tempo de vida em nome de dinheiro.

"Nossa, agora deu um nó aqui na minha cabeça. Então não é pra ganhar mais?"

Calma, respira e conta até 10! É para crescer e ganhar mais – desde que isso seja um desejo e uma necessidade.

Tem uma ferramenta de que eu gosto muito e que pode te ajudar nesse processo de decisão, caso você esteja em dúvida. Tive contato com ela na minha primeira especialização em coaching, pela Sociedade Brasileira de Coaching. Chama-se matriz de perdas e ganhos.

Meta:	
O que você ganhará se obtiver isso? (motivadores/prazer)	O que você perderá se obtiver isso? (sabotadores/dor)
O que você ganhará se não obtiver isso? (sabotadores/prazer)	O que você perderá se não obtiver isso? (motivadores/dor)

Fonte: Sociedade Brasileira de Coaching

A ideia dessa matriz é trazer à tona os esforços que teremos que fazer para atingir o sucesso.

Exemplo: Joaquina traçou como meta ter 3 milhões de reais investidos daqui a 10 anos, pensando em garantir uma vida mais tranquila para ela e a família. Ela se propôs a chegar a esse número ousado ampliando a sua empresa e deixando de ser autônoma no ramo de marmitas para se tornar empresária e ampliar sua produção, de 20 marmitas por dia para 500 marmitas por dia. Segundo seus cálculos, caso ela consiga manter a mesma margem de lucro que tem hoje, o que é bastante desafiador, será capaz de ter um lucro líquido de 600 mil reais por ano e assim terá dinheiro suficiente para manter o caixa da empresa saudável, investir no negócio e ainda retirar o lucro que tanto deseja, montando a reserva financeira de 3 milhões em 10 anos, ou menos, caso invista o dinheiro de forma inteligente.

Ela sabe que terá muitos desafios pela frente e que sozinha não vai conseguir, logo, precisará contratar pessoas e, quem sabe, encontrar sócios dispostos a colaborar na gestão e no crescimento da empresa.

É nesse momento que entra em cena a matriz de perdas e ganhos. Joaquina vai perder muita coisa da vida atual para poder conquistar a vida desejada, ao mesmo tempo que ganhará muita coisa se não seguir seu plano.

Eis a matriz dela:

Meta: *ganhar 3 milhões de reais em 10 anos com a minha empresa*	
O que você ganhará se obtiver isso? (motivadores/prazer)	O que você perderá se obtiver isso? (sabotadores/dor)
Liberdade financeira, possibilidade de ficar mais tranquila e trabalhar menos, viajar mais, ficar mais com a minha família, reconhecimento da família, sensação de liberdade, realizar sonhos de consumo que hoje não são possíveis.	*Proximidade com a minha família de origem (serei a primeira milionária).*
O que você ganhará se não obtiver isso? (sabotadores/prazer)	O que você perderá se não obtiver isso? (motivadores/dor)
Tempo com a minha família no presente, simplicidade, tempo de qualidade com os clientes, poder fazer tudo do meu jeito, não precisarei aprender um monte de coisas difíceis.	*Satisfação de ter realizado um sonho, tranquilidade de ter o dinheiro trabalhando por mim, qualidade de vida para a minha família, conhecimento e experiência diferentes e enriquecedores.*

A matriz de perdas e ganhos ilustra a realidade empreendedora: chegar ao sucesso vai dar mais trabalho e será mais complexo, porém mais recompensador. Qual decisão tomar? Depende de você.

Depois de preencher a matriz, faça o exercício a seguir e só então reflita sobre qual caminho tomar.

1. O que você pode fazer para minimizar as perdas? (sabotadores/dor)
2. O que você pode fazer para continuar tendo os atuais ganhos na nova situação?
3. Esse objetivo ou resultado afeta negativamente outras pessoas ou o meio do qual você faz parte?
4. (Se sim) O que você pode alterar no seu objetivo para que ele afete POSITIVAMENTE o seu meio/outras pessoas?

Essas perguntas vão te ajudar a pensar em possíveis soluções para as dores que se apresentaram. No caso da Joaquina, por exemplo, ela entende que, se encontrar sócios confiáveis que entendam muito de gestão financeira, não precisará se dedicar tanto a aprender sobre isso. Ela também reflete sobre a possível perda de tempo de qualidade com a família que virá pela necessidade de se dedicar tanto ao negócio. E entende que precisará ter uma conversa madura com o marido e os filhos. Dirá que conta com o apoio de todos para que o tempo que passarem juntos seja o mais profundo possível, evitando TV, redes sociais, etc.

Não existem respostas certas. Cada matriz é única, assim como as soluções para as dores mapeadas.

E tem mais: se no processo de criar a matriz você entender que tem muito mais a perder do que a ganhar, então é nesse momento que você segue como está, contente por ter o planejamento financeiro necessário para levar uma vida autônoma e saudável.

CAPÍTULO 15
Quando pegar dinheiro emprestado ou trazer sócios

É tentador. Você abre sua conta jurídica, recebe um cartão de crédito em nome da firma, fica feliz da vida se achando a última bolacha do pacote e, quando menos espera, lá está ele: o crédito.

O banco, financeira ou a cooperativa vão te oferecer dinheiro rápido, simples e sem burocracia, mas saiba que tudo tem um preço, e pode sair bem caro. Não importa se ele aparece na figura de uma antecipação de recebíveis, capital de giro ou rotativo do cartão: você pagará juros por isso. Não há nada de errado em pegar dinheiro emprestado e pagar juros, a não ser que **você não tenha controle total sobre os ganhos, os gastos, o caixa, a margem de lucro e a projeção de vendas da sua empresa.**

Se tudo isso estiver sob seu controle, pegar dinheiro emprestado pode fazer sentido, desde que:

1. O dinheiro tenha objetivo claro, como garantir a compra de matéria-prima para uma entrega grande já contratada, e se restrinja a esse objetivo, nem mais nem menos.
2. As parcelas caibam no bolso da empresa, de acordo com a projeção de vendas.
3. O custo efetivo total, que soma taxa de juros e custos operacionais do crédito (ou CET), e o fluxo de pagamento oferecido sejam os melhores entre as empresas comparadas. Sim, você precisa comparar muitas alternativas antes de pegar qualquer dinheiro emprestado.

"Mas, musa das finanças empreendedorísticas, e se eu precisar de dinheiro para começar meu negócio e não tiver nada disso?"
Bom, nesse caso você tem estas alternativas:

1. Dispor de um patrimônio seu como garantia do empréstimo. Eu não recomendo que você use sua casa própria, por mais confiante que esteja no sucesso do negócio. Não podemos prever muitos eventos fatídicos, como uma pandemia, guerra, hiperinflação, crises políticas e econômicas... Por isso, jamais "aposte" algo tão valioso quanto o seu lar. Carros, joias e objetos de valor estão liberados. Mas saiba que se o negócio der errado, você ficará sem eles.
2. Amigos e família. No mundo das startups – empresas com potencial de crescimento exponencial –, é muito comum que amigos e familiares sejam os primeiros a acreditar no negócio quando ainda é apenas uma ideia. Amigos e familiares também podem ser os primeiros a colocar dinheiro em um negócio tradicional, como uma oficina mecânica, uma loja on-line de roupas, um consultório de fisioterapia... Mas é importante lembrar que, antes de sair pedindo dinheiro para o seu negócio, não importa o tamanho dele, você precisa fazer uma lição de casa e criar um plano de negócios, com projeções e expectativas de custos e receitas para os próximos três anos, no mínimo. Esse plano dará aos seus investidores iniciais alguma previsibilidade sobre quando e como vão receber o dinheiro de volta.

Atenção: existem modelos muito distintos para formalizar esse tipo de antecipação feita por família, amigos, etc. Não vamos nos aprofundar em operações como essas porque vão muito além dos limites de um autônomo. Caso tenha interesse pelo tema, pesquise os termos "venture capital", "capital semente" e "investidores-anjo". Será um bom começo.
Dica de ouro: antes de pedir dinheiro emprestado ao banco ou a alguém para abrir o seu negócio, comece com o que tem. Isso significa que, antes de alugar um ponto para o seu restaurante, comece com uma banquinha pequena (legalizada) em um bom ponto da cidade. Antes de alugar uma sala para fazer massagens, atenda seus clientes em domicílio

e, depois de conquistar uma clientela fiel, vá para a sala com dinheiro emprestado ou seu próprio capital. Comece pequeno e aprenda o básico antes de querer conquistar as estrelas, e suas chances de alcançá-las se multiplicarão.

"Mas e quanto a ter uma sócia ou sócio, quando é a hora?"

Excelente pergunta.

Sociedade é como um casamento. Se como autônomo você está só e toma todas as decisões de como tocar seu negócio, isso não será mais possível no momento em que houver uma ou mais pessoas para compartilhar esse espaço com você. Por outro lado... bem, talvez seja justamente isso de que você tanto precisa para crescer.

Respondendo objetivamente à pergunta, coloque sócios no negócio quando:

1. Você gosta muito daquela pessoa, a admira profissionalmente, conhece seus pontos fortes e fracos, é capaz de ter conversas difíceis com ela e enxerga as mesmas possibilidades de futuro. É comum vermos autônomos que são mais fortes juntos, como uma dupla de personal stylists que conheço. Sozinhas elas têm potencial; juntas, são imbatíveis, porque se complementam e se apoiam nas dificuldades.
2. Você quer visões diferentes e complementares para melhorar as vendas, finanças, gestão de pessoas ou qualquer outra área em que careça de habilidades que você sabe que levará muito tempo para conquistar. É muito comum que pessoas talentosas topem receber um salário muito abaixo do mercado em nome de uma participação generosa na empresa. Na prática, é como um gerente financeiro trocar um salário de 18 mil reais por um pró-labore de 4 mil mais 20% da empresa. Essa troca faz sentido quando o que está do outro lado é um potencial de crescimento capaz de transformar esses 20% em uma bolada de 5 milhões de reais em 10 anos.
3. Quando você está seguro do potencial do seu negócio, mas não tem dinheiro suficiente para investir e encontra pessoas ou empresas dispostas a comprar participação com a promessa de

multiplicarem o dinheiro investido. O nome disso é *venture capital*. Sugiro que você estude mais sobre o tema caso seus sonhos de crescimento sejam selvagens.

Agora vem algo muito importante.

Jamais se associe a alguém por afinidade sem antes conhecer profundamente os valores dessa pessoa, bem como as habilidades técnicas e comportamentais dela. Lembre-se: essa pessoa estará com você nos momentos bons e nos momentos difíceis e precisa se responsabilizar tanto pelo sucesso do negócio quanto pelas dificuldades, assim como você.

Quer uma dica? Ofereça este livro à pessoa que você está pensando em trazer como sócia. Se ela se recusar a ler ou disser que já sabe tudo, pense duas vezes. Ninguém quer um sócio fechado a novas ideias e mais conhecimento.

Antes de fechar este capítulo, e já que estamos falando de empréstimos, sócios e outros pontos complicados da vida de quem é chefe de si, quero deixar uma última palavrinha sobre seguros.

Ter um seguro é muito tranquilizador para quem é autônomo, especialmente se você tem uma família e o que ganha é sua única ou principal fonte de renda. Quem trabalha em empresas privadas muitas vezes tem aquele seguro oferecido pelo empregador, mas quando *você* é a sua empresa, a Raquel que mantém a Ruth, é bom pensar nisso.

Eu tenho um seguro, e recomendo que todo e toda chefe de si tenha.

Há modalidades que asseguram que o dinheiro continue entrando caso você adoeça e tenha que parar por um tempo. Há seguros que garantem que, em caso de morte, todos os procedimentos para o funeral sejam cobertos. Há seguros que permitem sacar um dinheiro para custear o tratamento de uma doença grave. São muitas opções; seja qual for sua escolha, apenas tenha um.

Lembra que eu recomendo ter a reserva de emergência para um ano? Se puder, ao contratar um seguro, negocie um valor que corresponda à renda anual do seu negócio. Um ano é um tempo digno para que suas pessoas queridas possam se reorganizar se em algum momento você não puder mais contribuir para o sustento da casa.

CAPÍTULO 16
A rede de apoio do empreendedor autônomo

Existem pessoas que vão te projetar para o alto, acreditar que é possível e te provocar positivamente sem que você deixe de confiar no próprio potencial. Mantenha essas pessoas por perto e conte com elas para te apoiar nos momentos difíceis. Pode ser a sua mãe, seu irmão, sua namorada, seu marido, amigos, colegas de trabalho. Eu costumo chamar essa galera do bem de "pessoas-foguete".

Por outro lado, existem aquelas pessoas que vão te dizer que não é possível, que o melhor mesmo é você prestar um concurso público, buscar um emprego estável... Essas eu costumo chamar de "pessoas-âncora". É aquele primo que no almoço de domingo faz um comentário irônico do tipo "E aí, Bia, como vai o seu megaempreendimento? Já ficou milionária?". Dessas pessoas é melhor você se afastar, física e emocionalmente. Com o tempo e certo sofrimento, aprendi que esses comentários falam muito mais sobre as dores e frustrações da outra pessoa do que sobre você e as suas capacidades.

Pode também ser a esposa ou o marido que cobra resultados mas não mexe uma palha para ajudar. É muito difícil constatar que a pessoa que amamos e escolhemos para passar a vida juntos não está do nosso lado em um momento tão frágil e importante. Nessa hora, você tem a escolha de continuar com a pessoa, se afastar ou manter esse relacionamento, aceitando que não é em casa que terá o apoio necessário, mas sabendo que pode encontrá-lo em amigos, parentes ou mentores.

No seu caminho para a riqueza, recomendo fortemente que tenha mentores. Mentores são pessoas que sabem mais sobre determinado assunto que você quer muito conhecer melhor. Muitas vezes são pessoas inspiradoras que, mais do que conhecimento teórico, trazem na bagagem experiências de vida que deixaram grandes aprendizados. Ao compartilharem essas experiências, elas nos estimulam a buscar o melhor para o nosso negócio. Mentores muitas vezes têm as respostas que procuramos para dilemas do dia a dia.

Há inclusive mentores profissionais, aqueles que você pode contratar para ensinar algo que você precisa aprender ou para orientar em caso de dúvidas sobre qual caminho seguir. Eu mesma sou uma mentora profissional, e hoje isso é parte do meu negócio. Mas também existem os mentores por vocação, que não fazem disso uma fonte de renda. Na sua decolagem como autônomo, é nestes que você pode focar. Se você quer montar um pequeno salão de beleza, por exemplo, pode contratar um consultor para te contar como fazer, mas também pode procurar a dona de outro salão de beleza e pedir algumas orientações sobre as dores na administração e como ela superou esses desafios.

Sou louca por mentores e, sinceramente, acredito que podemos aprender com qualquer pessoa bem-sucedida em sua área – até mesmo com as malsucedidas. Não precisa ser o Jeff Bezos, criador da Amazon, mesmo porque ele está muito distante e dificilmente ensinaria algo que você pudesse aproveitar hoje. Mas precisa ser a melhor pessoa da área em questão a quem você tenha acesso.

Se puder, tenha vários mentores – afinal, pode ser que seu único mentor ou mentora não esteja em um dia bom ou tenha uma visão enviesada do problema, e aí você pode se ferrar ao seguir as recomendações dele ou dela.

Vale lembrar que mentores não estão certos o tempo inteiro. Cabe a você manter o senso crítico ao avaliar o que te sugerem.

"Mas, Nath, onde é que eu vou encontrar essa pessoa? E como vou pedir ajuda sem pagar? Tá todo mundo tão ocupado!"

Calma, criança afobada. Eu criei um trajeto de seis passos para conseguir um mentor de graça. Siga e depois me conte como foi.

- **Passo 1:** saiba o que quer saber. Não precisa ser de uma área só. Pode ser que você necessite de alguém para te aconselhar sobre finanças, sobre um aspecto específico do seu trabalho, sobre como se relacionar melhor com o cliente. Ponha no papel quais são suas reais necessidades de conhecimento e aprimoramento.
- **Passo 2:** faça uma lista com quatro pessoas que você gostaria que fossem suas mentoras sem cobrar nada. Duas devem ser pessoas cujos contatos você já tem; as outras devem ser nomes que você admira mas de quem não sabe como se aproximar (ainda). Um erro que muita gente comete neste passo é buscar mentoria de pai e mãe, muitas vezes entregando para eles a gestão do negócio (até gente famosa faz isso). Isso é misturar gestão com afeto e confiança. Meninos e meninas, não façam isso. Com todo o respeito e amor por pai e mãe, responda: eles já gerenciaram um negócio alguma vez na vida? Sabem fazer? Obtiveram bons resultados? Se a resposta for não, não e não, deixe papai e mamãe guardadinhos no coração, onde eles merecem ocupar lugar de honra, e procure pessoas com bom desempenho no que você precisa aprender.
- **Passo 3:** esteja onde essas pessoas estão. "Ah, Nath, mas elas são de outra cidade!" Pois pare de pensar pequeno! As pessoas que você precisa conhecer estão em congressos on-line, em redes profissionais, como o LinkedIn, e mesmo em redes sociais, como o Instagram. Soube que seu ídolo, o melhor cara da sua área, vai dar uma aula on-line? Use parte do dinheiro da reserva de emergência da sua empresa para estar lá – é um dos usos mais nobres desse caixa! E depois da aula aborde-o por mensagem, apresentando-se e pedindo a mentoria. Pode ser que ele te ignore? Pode. Mas o não você já tem. Ele estará em um congresso? Se inscreva, chegue cedo e sente-se na primeira fila. Eu sempre fazia isso, e mais: ficava tentando algum contato visual, às vezes até fazendo cara de quem não está concordando para que o futuro mentor me notasse. Seja atrevida. Sem alguma cara de pau e esforço você não vai conseguir o seu mentor de graça.
- **Passo 4:** estude a outra pessoa. Não vá para a abordagem como se a pessoa devesse se sentir lisonjeada porque você a escolheu.

Não!!! Ela já está lá, no trono, e você é quem precisa se aproximar com curiosidade, humildade e bons modos e mostrar a que veio. Os resultados dela você já conhece, ou não estaria ali pedindo que seja sua mentora. Mas, ao procurá-la, mostre que sabe um pouco mais sobre ela. Que conhece os livros que ela leu e recomendou, que consegue se expressar com vocabulário próximo ao dela (tudo bem você chamar seus amigos de "véi", mas não alguém que você quer como seu mentor). Se ela sugerir uma conversa no horário do seu crossfit, DESMARQUE O CROSSFIT (parece óbvio, mas juro que tem gente que não desmarca). Nunca esqueça: é você quem precisa dela.

- **Passo 5:** fique atento ao timing e seja direto. Em eventos presenciais, não aborde seu futuro mentor em momentos inconvenientes. Por exemplo: se é um almoço, não se agache ao lado dele à mesa quando ele está prestes a dar uma garfada no bife; espere até que ele termine a refeição e se levante. Ao fazer perguntas, seja específica sobre o que você quer saber. Não precisa fazer todo um discurso inicial sobre como adoraria que ele ou ela fosse seu mentor ou mentora, etc., etc., etc., apenas se apresente e pergunte se pode (naquele momento ou mais tarde) compartilhar algumas questões do seu negócio e como essa pessoa faria no seu lugar. Expresse sua admiração e mencione algum ponto que você descobriu após fazer a lição de casa do item anterior. Não chegue com perguntas muito abertas, como "O que é que eu faço?". Dê um pouco de contexto, explique a sua solução e espere o feedback. É assim que eu faço há muitos anos, e sempre funcionou.
- **Passo 6:** peça ajuda em vez de mentoria. Minha formulinha, que você pode adaptar à sua situação, é esta aqui: "Fulano, boa tarde, eu me chamo Joaquina e tenho muita admiração por você, porque estudei e vi como você transformou sua franquia num enorme sucesso. Eu estou começando uma pequena franquia, será que posso compartilhar uma situação que estou vivendo e pedir sua ajuda?"

Se a pessoa se negar...

Tente de novo, de novo e de novo, todos esses passos, até conseguir o seu mentor. Eles podem estar em toda parte. Abra sua mente, ligue seu radar.

Há algum tempo, fiz uma viagem na companhia de CEOs de várias empresas bem-sucedidas. Falei com todos eles, e com cada um aprendi algo que trouxe para melhorar um pouquinho o meu negócio. Mesmo que eles não tivessem um conhecimento específico sobre o que faço hoje, sempre é possível adaptar.

Quando comecei no YouTube, meu primeiro mentor, o estrategista Marcos Avó, me deu o primeiro conselho valioso: "Uma andorinha só não faz verão." Eu tinha contado a ele meus planos ambiciosos de desfuder a nação e ele me disse que, se eu quisesse dar escala à Me Poupe!, precisaria de muito mais do que apenas uma colher de pau para ajustar o foco da câmera: precisaria de um time bom e forte, liderado por alguém com um propósito – o que eu tinha.

Com outros mentores, aprendi que líder é aquele que ensina, não aquele que manda – o líder de verdade, respeitado pela equipe, trabalha com o time para obter resultados, e não fica enchendo as pessoas com um monte de regras. Aprendi também que no impossível não existe concorrência; que, se ninguém nunca fez, é porque ou não sabia, não teve coragem, não fez direito ou não teve a ideia. Que uma empresa com sonhos grandes precisava ter pessoas capacitadas e ambiciosas o suficiente para realizá-los. Então me preparei para ser essa pessoa no meu negócio.

A Me Poupe! não teria se tornado a empresa que é hoje sem essas pessoas valiosas e eu jamais teria sido capaz de deixar a cadeira de gestão da empresa e passá-la adiante, me tornando presidente do conselho, se não tivesse escutado alguns e ignorado outros também.

Haverá momentos em que o mentor será apenas o seu coração. Você vai querer ouvir pessoas próximas, especialistas, empreendedores que já trilharam caminhos semelhantes e ainda assim vai preferir fazer diferente, porque acredita em algo muito difícil de explicar: a tal intuição.

Se isso acontecer com você, minha recomendação, como sua mentora, é que antes de tomar uma decisão baseada na intuição você saiba quais são os riscos, mitigue o que for possível e só então vá de corpo e alma.

Se não souber quais são os perigos do caminho A ou B, peça ajuda a seus mentores. Mentor bom é aquele que orienta, que ilumina as rotas possíveis e mostra quais são os riscos para que você possa fazer a escolha.

Por falar em mentores, compartilho com você a história de uma mulher que soube como poucos se apoiar em mentores que nem mesmo a conheciam. Eu era uma delas até pouco tempo atrás, quando ela me abordou em um Carnaval de Salvador, Bahia. O nome dela é Anna Telles e sua trajetória é uma inspiração para qualquer pessoa que se sinta longe demais dos seus sonhos mais selvagens.

> A minha história é de muita escassez. Nasci numa família pobre, de pais separados, mãe empregada doméstica e muitas situações de negligência, violência e abuso. Minha casa nunca foi um refúgio. Quando eu tinha 14 ou 15 anos, o novo companheiro da minha mãe tentou abusar sexualmente de mim. Não conseguiu, mas, quando contei para ela o que tinha acontecido, levei um tapa. Entendi que minha mãe não me protegeria e escolhi morar nas ruas da minha cidade, Salvador.
>
> Foram três anos muito difíceis para uma jovem mulher negra. Estava cercada por drogas e prostituição e sabia que se caísse nessas armadilhas seria o fim. Mas Deus nunca deixou de me mostrar os caminhos, e eu tive três ajudas maravilhosas.
>
> Primeiro, quando eu ainda era uma menina complexada com o meu cabelo, conheci uma vizinha que me ensinou a fazer alongamento com tranças. Graças a isso, e a muita conversa, fui ganhando um dinheirinho aqui, outro ali, mesmo morando nas ruas.
>
> A segunda ajuda foi do Fernando, hoje meu marido, que, mesmo na condição difícil em que eu vivia, enxergou em mim uma empreendedora de talento e com vontade de vencer. Ele me deu uma casa para morar e incentivo para crescer.
>
> E a terceira foi a Nathalia Arcuri, que me ensinou a cuidar do meu dinheiro.

Meu marido desde o começo ficou impressionado com o meu jeito para as tranças. Desde pequena eu tinha sofrido com meu cabelo, minha mãe vivia tentando alisar, então era uma técnica que eu tinha testado primeiro em mim, depois em outras garotas. No começo, abrimos um salão na sala de casa, onde eu embelezei nem sei quantas mulheres. Naquela época ainda não havia no mercado produtos específicos para cabelos crespos como o meu e o de tantas outras. Como eu conhecia aquela dor, fui atrás de empresas químicas que pudessem ajudar a criar produtos para nós. Foi assim que nasceu a linha Anna Telles de cosméticos.

Nosso maior sucesso é um finalizador que tem uma fórmula mágica para definir, fixar, hidratar, nutrir e dar brilho aos fios. Hoje todos os nossos produtos levam muitos óleos naturais e matérias-primas importadas. Esse é o nosso diferencial e o grande segredo por trás do crescimento do meu negócio.

Foi na época em que o salão funcionava na minha casa que conheci os vídeos da Nathalia. Até então, as clientes me pagavam em dinheiro. Não existia ainda Pix e eu não tinha maquininha. Tinha vezes em que eu pedia à cliente para passar no mercado e me pagar com alguma coisa de que eu estivesse precisando. Com a Nathalia, entendi que eu precisava ter uma conta para mim e outra para o salão. Foi difícil separar. Para quem sempre teve pouco, como eu, era reconfortante ver todo o dinheiro num lugar só. Demorei a superar isso, mas uma hora consegui.

Mesmo assim, o dinheiro não parava na minha conta. Eu sentia necessidade de ajudar todo mundo, senão me sentia culpada. Não sabia dizer não nem a mim mesma, para poder dizer sim aos meus sonhos. Os vídeos da Nathalia foram me ajudando a lidar com todos esses sentimentos, a gastar menos, investir o que sobrava, a pensar no meu futuro.

Uma história engraçada dessa época é que eu combinei com meu marido que a gente pouparia toda moeda de 1 real que entrasse. Primeiro enchemos um cofrinho. Quando não cabia mais nada nele, passamos a juntar as moedas num galão de água mineral. Eu sabia que não ia ficar rica guardando moedas de 1 real no galão, mas acreditava na força do hábito. Quando finalmente levamos o galão para o banco, tinha mais de 13 mil reais ali dentro. Esse valor foi investido na meta da casa própria, protegido dos gastos do dia a dia. Montei também uma reserva, que, para mim, não era de emergência – era de segurança, porque acredito na energia das palavras e emergência para mim era outra coisa.

Quando veio a pandemia, eu já tinha três salões e faturava cerca de 150 mil reais por mês. Fechamos um deles, num shopping, e abrimos um e-commerce para vender os produtos e não deixar o estoque parado. Já tínhamos uma marca bem trabalhada e uma reputação de produto bom, então nosso e-commerce foi um sucesso. Com parte do que ganhamos, cheguei a criar mais uma reserva para ajudar os funcionários e suas famílias caso adoecessem com a covid-19. Como ninguém ficou doente, acabei usando esse fundo para quitar todas as horas extras e férias devidas e ainda paguei um décimo quarto salário. Nas nossas reuniões on-line, eu levava a eles o conteúdo sobre educação financeira que aprendia com a Nath. Graças a isso, teve funcionário meu comprando carro, dando entrada na casa, zerando as dívidas e realizando sonhos.

Penso que a maior lição de tudo que vivi é que posso ter a vida que eu quiser, desde que haja organização financeira para isso.

Hoje, 70% do nosso faturamento vem dos produtos que vendemos. Salão, só mantive um, que é uma espécie de salão-conceito. Tenho uma rede de revendedores autônomos e produzo cerca de 30 toneladas de produtos por mês.

Aonde eu quero chegar?

> Eu sou feita à imagem e semelhança de Deus e a minha empresa é um instrumento que vai trazer visibilidade a pessoas que, como eu, viveram ou ainda vivem nas ruas. São pessoas invisíveis para os seres humanos, mas nunca esquecidas por Deus. Quero ser uma marca que traga impacto social e uma das mulheres mais influentes da terra. Porque eu sei o que carrego, e quanto mais pessoas eu influenciar, maior o meu poder de mudar uma geração.
>
> **Anna Telles**, 33 anos, empresária em Salvador (BA)

Foi um prazer gigantesco ser sua mentora até aqui. Agora você tem as ferramentas necessárias para conduzir sua Ruth e sua Raquel por qualquer mar revolto dessa jornada incrível que é ser chefe da própria vida.

CONHEÇA OS LIVROS DE NATHALIA ARCURI

Me poupe!: 10 passos para nunca mais faltar dinheiro no seu bolso

Guia prático Me poupe!: 33 dias para mudar sua vida financeira

Chefe de mim

Para saber mais sobre os títulos e autores da Editora Sextante,
visite o nosso site e siga as nossas redes sociais.
Além de informações sobre os próximos lançamentos,
você terá acesso a conteúdos exclusivos
e poderá participar de promoções e sorteios.

sextante.com.br